T0285328

Sensible

Svenja Flasspöhler

Sensible

Sobre la sensibilidad moderna
y los límites de lo tolerable

Traducción de
Alberto Ciria

herder

Título original: Sensibel. Über moderne Empfindlichkeit und die
                   Grenze des Zumutbaren
Traducción: Alberto Ciria
Diseño de la cubierta: Toni Cabré

© *2021, Klett-Cotta - J.G. Cotta'sche Buchhandlung Nachfolger GmbH, Stuttgart*
© *2023, Herder Editorial, S.L., Barcelona*

ISBN: 978-84-254-4903-1

Imprenta: Liberdúplex
Depósito legal: B-2104-2023

Impreso en España - Printed in Spain

herder

ÍNDICE

Para Carsjen

Eres demasiado duro,
y yo demasiado blando

Ton Steine Scherben

INTRODUCCIÓN

¿Las sensaciones son asuntos puramente personales? ¿Cuándo un contacto empieza a ser molesto? ¿Cuánta proximidad resulta agradable y está, por tanto, permitida? ¿Y dónde está el límite de lo que está permitido decir? ¿Qué expresiones vulneran la dignidad del hombre y qué expresiones la respetan? ¿Hay que eliminar el masculino genérico? ¿Hay derecho a emplear la *N-Word* o «palabra que empieza por ene», aunque sea como cita? En caso de duda, ¿quién lo decide? ¿Están las víctimas más cerca de la verdad que las no-víctimas porque han sufrido la violencia —verbal o física— en sus propias carnes? ¿Es la vulnerabilidad la nueva fortaleza?

Ya hablemos de *Me Too* o de *Black Lives Matter,* de los debates sobre el lenguaje inclusivo, de los avisos de contenidos que pueden herir la sensibilidad o de la libertad de expresión, de la lucha por el reconocimiento de grupos discriminados o de las sensibilidades de quienes temen perder sus privilegios: evidentemente nunca habíamos estado tan ocupados con reajustar el límite de lo tolerable. Y sin embargo, parece que en el discurso sobre estos temas las posturas se vuelven cada vez más inamovibles: se enfrentan irreconciliablemente liberales contra igualitarios, gente de derechas contra gente de izquierdas, viejos contra jóvenes, afectados contra no afectados. Mientras que unos dicen «¡Tampoco es para tanto, sois unos "copos de nieve" hipersensibles!», los otros responden: «¡Injuriáis e insultáis, vuestro lenguaje está manchado de sangre!». El efecto de este choque frontal es una erosión progresiva de la cultura democrática del discurso y la apertura de una brecha en mitad de la sociedad que apenas se puede cerrar ya.

Tanto más acuciante será entonces preguntar dónde se puede hallar una vía de salida. Propongo dar un paso atrás y, sin entrar en polémicas, esclarecer un desarrollo que está indisolublemente asociado con la génesis del sujeto moderno: la progresiva sensibilización del yo y de la sociedad.

SENSIBILIDAD ACTIVA Y SENSIBILIDAD PASIVA

«Sensible» significa susceptible, percipiente, receptivo. En su sentido positivo, el término se emplea casi siempre para definir una capacidad muy marcada de empatizar con otros, mientras que, en su sentido negativo, designa la hipersensibilidad de un sujeto que no está preparado para la vida. Un vistazo a la historia de la filosofía muestra que esta tensión tiene una larga tradición.

Ya en la Edad Media se distinguía entre una sensibilidad activa, que en un sentido moral se orienta empáticamente hacia el mundo, y una sensibilidad pasiva, que es receptiva y reacciona a estímulos externos.[1] La sensibilidad activa significa algo así como «estar dotado de sensibilidad»:[2] generalizando, es la sensibilidad virtuosa, noble, buena, receptiva para la verdad divina. En el siglo XVIII se reelaboró sistemáticamente como sentimiento moral: simplificando, es el instinto natural del hombre de hacer espontáneamente el bien.

Por el contrario, la sensibilidad pasiva designa en general «lo que puede sentirse».[3] En su sentido positivo, este aspecto pasivo (sobre todo durante la época de la sentimentalidad) se equiparaba con las emociones. Pero esta sensibilidad se tomaba predominantemente en su sentido negativo, como lo propio de quien es muy *llorica* o enseguida se exaspera, y también (por ejemplo, en Tomás de Aquino) para designar la complacencia sexual. Los materialistas del siglo XVIII denominaban la sensibilidad pasiva *sensibilité physique,* refiriéndose a la irritabilidad nerviosa.

Un vistazo al presente muestra claramente que la sensibilidad activa y la pasiva a menudo van emparejadas: casi siempre se considera reprobable y falso lo que irrita los ánimos, y a la inversa; y este fenómeno se da en todas las posturas políticas, aunque de diversas ma-

---

1   Cf. F. Baasner, «Sensibilité», en J. Ritter *et al.* (eds.), *Historisches Wörterbuch der Philosophie online,* Basilea, Schwabe, 2017.
2   Cf. *ibid.*
3   Cf. *ibid.*

neras. Mientras que las fuerzas de la derecha reaccionan con irritación a transformaciones sociales, como por ejemplo la «ideología de género», y no rara vez actúan con discursos de odio deliberados o incluso con violencia física palmaria, los pensadores liberales de izquierda tienen la piel muy fina cuando se cuestionan sus nociones de progreso social, lo que en ocasiones se traduce en boicots sistemáticos de algunas personas o incluso en despidos laborales.

Pero esta interconexión de moral e irritabilidad no es en modo alguno nueva, sino que tiene precedentes filosóficos: por ejemplo, ya el sensible Rousseau abominaba profundamente del exceso de estímulos al que uno está expuesto en las grandes ciudades. En la apacible periferia parisina desarrolló su moral del hombre bueno y empático por naturaleza, al que hay que proteger de influencias civilizatorias dañinas (véase el capítulo III). El idilio campestre de Montmorency era, por así decirlo, el «espacio seguro» de Rousseau.

Que la sensibilidad es un fenómeno de doble filo constituye una evidencia que abre nuevas perspectivas para la comprensión del presente, y por tanto también para este libro. La sensibilidad se dirige hacia fuera *y* hacia dentro. Enlaza *y* separa. Libera *y* reprime. Concretando: la sensibilidad comporta un lado violento que se muestra ya en su génesis histórica. La configuración de la sensibilidad presupone la coerción. Impresiona la descripción que, en su famosa obra *Sobre el proceso de la civilización* (1939), el sociólogo Norbert Elias hace de la transformación del comportamiento humano. A través de un disciplinamiento continuo —que regula desde el modo de comer y de dormir hasta situaciones sociales complejas— el hombre se va refinando de forma progresiva, y claramente se sensibiliza cada vez más para las transgresiones propias y las ajenas. Los métodos esenciales de este refinamiento son, según Elias, la «atenuación de los instintos», la «regulación de las pasiones» y la configuración de un superyó controlador. Dicho de otro modo: para sensibilizarnos, tenemos que amansarnos, «transformar las coerciones ajenas [...] en coerciones autoimpuestas»,[4] y elaborar sentimientos de vergüenza y ridículo (véase el capítulo I).

Lo que Norbert Elias describe es una compleja imbricación de disciplinamiento «frío» y sensibilización «cálida», de normativización y vergüenza, de autocontrol y percepción sensible del mundo y de sí mismo. El sociólogo resalta con claridad que el hombre apenas puede responder a las exigencias culturales sin sufrir daño, una observación que coincide con las tesis centrales del psicoanálisis: la civilización progresiva tiene un lado oscuro, que también se muestra en su fragilidad.

En consecuencia, es indudable que la sensibilización como desarrollo histórico no carece de fisuras ni de contradicciones. Dos devastadoras guerras mundiales y el Holocausto mostraron de manera impactante en el siglo XX que la crueldad es inherente al hombre y que en ciertas circunstancias puede eclosionar. En su libro *Etologías del frío,* el historiador Helmut Lethen analiza lúcidamente las instrucciones de conducta da-

---

4 N. Elias, *El proceso de la civilización. Investigaciones sociogenéticas y psicogenéticas*, México, FCE, 1979, p. 449.

das durante el tiempo de entreguerras para mantener la distancia y acorazarse interiormente. Lethen se basaba en los textos que Ernst Jünger escribió en aquella época. Al mismo tiempo, las anotaciones de Jünger muestran los profundos mecanismos psíquicos que no solo hacen al hombre capaz de una violencia inconcebible, sino que también le permiten soportar lo inimaginable (véase el capítulo IV).

Con esto habríamos tocado un punto central, que este libro tratará de ir despejando poco a poco: esa «frialdad» de las líneas tradicionales que hemos mencionado es la causa decisiva de que la apelación a la fuerza de resistencia suene en nuestros días dura e insensible o, como dice Klaus Theweleit, viril. Según la famosa tesis de Theweleit, el fascismo pervive en el acorazamiento del hombre y en el rechazo violento de la mujer: el fascismo se puede definir como el «engendro de una violencia masculina desenfrenada»,[5] como el «estado normal del hombre bajo condiciones capitalistas y patriarcales».[6] El «hombre soldadesco» de las dos primeras guerras mundiales del que habla Theweleit se ha convertido hoy en el «hombre tóxico».

Resiliencia y sensibilidad: dos opuestos aparentemente incompatibles que se reflejan en las discordias de las posturas políticas. Ser resistente se equipara con insensibilidad. Con la incapacidad de permitir que algo se

5   K. Theweleit, *Männerphantasien*, Berlín, Matthes & Seitz, 2020, p. 1211.
6   *Ibid.*, p. 48.

nos acerque. La resiliencia, tal como se la suele entender sobre todo por parte de la izquierda política, es una estrategia masculina y neoliberal de autooptimización, que es incompatible con la empatía y la solidaridad.

La etimología de la palabra «resiliencia» parece corroborar totalmente esta interpretación. En latín, *resilire* significa saltar atrás, rebotar. Originalmente es un término físico que designa la propiedad que tienen los cuerpos de recuperar su estado original tras haber sufrido una deformación causada por una perturbación externa.

Pero habrá que mostrar que la resiliencia y la sensibilidad no son necesariamente opuestos. Solo lo son cuando se absolutizan. A partir de aquí, podemos preguntarnos si las «etologías del frío» no implicarán también aspectos que precisamente hoy habría que redescubrir. Por ejemplo, si intentamos leer las obras de Jünger desde una perspectiva freudiana descubriremos que, bajo la glorificación de la guerra y de la violencia, se articula un impulso vital que puede resultar salvífico cuando se sufren experiencias traumáticas de suprema impotencia (véanse los capítulos iv y v).

También si examinamos la obra de Friedrich Nietzsche encontraremos algo más que un fanatismo del acorazamiento. En sus obras se entrelazan indisolublemente una gran vulnerabilidad y una capacidad plástica de resistencia (véase el capítulo ii). En este libro habrá que poner de relieve estos puntos de contacto entre sensibilidad y resiliencia, pues si se logra que la resiliencia se alíe con la fuerza de la sensibilidad, el conflicto que actualmente divide a la sociedad se habría superado, al sintetizarse ambos opuestos en una tercera cualidad.

Que la relación entre sensibilidad y defensa en sentido general es básicamente mucho más dialéctica de lo que podría parecer a primera vista se muestra también en el propio proceso civilizatorio. La urbanización y la tecnificación hacen al hombre de piel fina e irritable. Su protección es el blindaje psíquico. Ya a principios del siglo XX el sociólogo Georg Simmel diagnostica un «hastío» o abotargamiento del urbanita,[7] que se blinda para protegerse de los muchos estímulos del mundo externo, para poder afrontar eventuales exigencias y para crearse un espacio de libertad interior. Paul Valéry hace un diagnóstico muy parecido: «Tras un período de refinamiento», la sensibilidad del hombre moderno está «menguando», y el constante bombardeo de estímulos provoca finalmente un «abotargamiento».[8] Una constatación que hoy parece confirmarse y ser más certera que nunca: en lugar de percibir su entorno siquiera de soslayo, gran parte de la población ya solo mira con fijeza y cerrilmente a su *smartphone*.

Sobreexcitación e insensibilización son las dos caras de una misma moneda.[9] A partir de aquí, también los

7   G. Simmel, *Las grandes ciudades y la vida intelectual*, Madrid, Hermida, 2016, p. 65.
8   P. Valéry, *Bilanz der Intelligenz*, en *Werke*, vol. 7: *Zeitgeschichte und Politik*, Frankfurt del Meno, Insel, 1995, pp. 105-134; aquí: p. 118.
9   Sobre la relación entre sobreexcitación e insensibilización, cf. también B. Liebsch, «Ästhetisch, ethisch und politisch sensibilisierte Vernunft? Einleitung in historischer Perspektive», en *Sensibilität der Gegenwart. Wahrnehmung, Ethik und politische Sensibilisierung im Kontext westlicher Gewaltgeschichte*, Hamburgo, Felix Meiner, 2018, pp. 13-38; aquí: pp. 16 ss.

cambios sociales de la época actual quedan bajo otra luz. Ante ciertas exigencias de minorías formuladas de manera nueva, algunos sectores de la sociedad reaccionan con un engreimiento y un hastío similares a los que mostraban los urbanitas agobiados de los que hablaba Simmel. A la inversa, también la percepción atenta *(woke)* de implicaciones discriminatorias y el correspondiente dominio de códigos lingüísticos políticamente correctos se caracterizan a veces por una arrogancia engreída que cubre, como una capa protectora, la propia vulnerabilidad.

A lo largo de la historia se puede observar que precisamente las fases de violencia extrema son seguidas de decisivos procesos de sensibilización. Por ejemplo, los gravísimos crímenes mundiales del siglo XX, en los que las ciencias del frío alcanzaron su terrible punto culminante, condujeron hasta el que quizá haya sido el máximo impulso de sensibilización en la historia. Después de todo, de la experiencia de dos guerras mundiales y de la matanza sistemática de los judíos europeos surgió, entre otras cosas, la Ley Orgánica alemana de 1949, cuyo primer artículo dice: «La dignidad humana es inviolable». Esta frase significa que ni el Estado ni ninguna persona tienen el derecho de violar la dignidad humana, es decir, de *tocarla*.

Sentido del tacto y delicadeza, motricidad fina y diplomacia se juntan en esta formulación tan sensible de la dignidad intocable. Las exigencias de endurecimiento y acorazamiento pertenecen desde ahora, por buenos motivos, a un capítulo pasado de la historia. Es la sensibilidad la que determina desde ahora los destinos y la que debe ampliar el espacio protector del sujeto más allá de los límites de su corporalidad. De hecho, la protección de la dignidad de la que habla la Ley Orgánica abarca mucho más que la mera protección frente a la violencia corporal. Es más, qué es exactamente la dignidad humana, qué la afecta y qué la daña, a partir de qué momento una persona invade en sentido literal la intimidad de otra y la ofende, cuándo se rebasa el límite del respeto... todo eso no son cosas fijadas y definidas claramente de una vez por todas, sino que son asuntos muy discutibles y sumamente variables, según el grado de la sensibilidad social. Si hasta hace pocos años el derecho penal por delitos sexuales se centraba en la violencia física, a partir de la reforma de 2016 también la malinterpretación de una voluntad puede tener consecuencias jurídicas. Si durante la mayor parte de la historia de la humanidad no se consideraba problemático hablar de «mujeres» y «hombres» y atribuirles determinados rasgos biológicos, hoy eso se percibe como «tránsfobo», es decir, como discriminatorio hacia personas que no entran en ninguna de estas categorías. Si hasta entrada la década de 1990 no resultaba sospechoso designar unos dulces de azúcar recubiertos de chocolate con un término discriminante («beso negro»), la «palabra que empieza por ene» resulta hoy claramente racista y ofensiva, una forma de violencia lingüística inadmisible.

Es indiscutible que la sensibilización de la sociedad es un factor esencial del progreso civilizatorio. Las sociedades plurales, muy complejas y diferenciadas, necesitan básicamente, también a causa de su densificación espacial, individuos que sean capaces de percibir con sensibilidad las prioridades propias y las ajenas. Pero hoy experimentamos cómo justamente esta fuerza constructiva de la sensibilidad amenaza con tornarse destructividad: en lugar de conectarnos, la sensibilidad nos separa. Fragmenta las sociedades en grupos y hasta se convierte en un arma, y eso sucede a ambos lados de la línea de combate.

El núcleo del conflicto es la pregunta de si es el individuo el que tiene que trabajar en sí mismo para hacerse más resistente o si, por el contrario, es más bien el mundo que lo rodea el que tiene que cambiar. ¿La «palabra que empieza por ene» dicha sobre un escenario es simplemente arte y resulta por tanto admisible, o se trata de un intolerable gesto racista? Una insinuación en el bar del hotel, una mirada a los pechos o un cumplido del jefe, ¿son parte de un juego erótico o son muestras de intolerable sexismo? ¿Nos estamos convirtiendo en princesas del guisante, que perciben como inadmisible el menor incomodo por pequeño que sea, o estas presuntas bagatelas son más bien síntomas de una violencia estructural que hay que combatir con todos los medios? Planteándolo más radicalmente: ¿cuándo se necesita evolución individual y cuándo revolución social? ¿Cuándo es necesaria la fuerza de resistencia y cuándo es necesario transformar la situación?

Preguntas para las que, al parecer, hasta ahora no hay respuestas realmente satisfactorias. Por ejemplo, la filósofa norteamericana Judith Butler se posiciona claramente a favor de la revolución (aunque, como habrá que mostrar, asume una posición bastante ambivalente), cuando opina: «Cuando alguien se siente ofendido por un comentario o un acto racista u homófobo, eso es una experiencia personal. Pero el acto y su efecto activan una estructura social. Lo mismo sucede con el acoso sexual [...]: el acoso tiene siempre la forma de una acción individual, y sin embargo, la forma de la acción o el modo de actuar refleja una estructura social y la reproduce».[10] Por muy cierta e importante que sea la indicación de que las vulneraciones pueden ser más que meros sentimientos privados, eso no significa que siempre lo sean. De hecho, Butler no aclara qué es exactamente esa estructura con la que ya comienzan el racismo, la homofobia y el sexismo. ¿Preguntar «¿de qué país eres?» es ya racismo o es una muestra inofensiva de interés? ¿Cuándo empieza a haber sexismo? ¿Solo cuando se tocan las nalgas o ya cuando se usa el masculino genérico? ¿Actúa ya de forma homófoba quien, por ejemplo, insiste en que no es lo mismo si los padres de un niño son dos personas del mismo sexo o son hombre y mujer? ¿O eso es una mera diferenciación que no implica ninguna valoración? ¿Y cómo gestionamos que no todos los miembros de un grupo tienen la misma sensibilidad? Lo que unos perciben como inadmisible (por ejemplo, la designación de «negro»), para otros es una posibilidad adecuada de identificación.

10   J. Butler, «Verletzungen bilden gesellschaftliche Strukturen ab», *Philosophie Magazin* 6/2021, pp. 62-65; aquí: p. 62.

Por su parte, el sociólogo Andreas Reckwitz, a diferencia de Judith Butler, está más bien a favor de la evolución. Por eso Reckwitz celebra expresamente la progresiva sensibilización de la sociedad, y señala que esa sensibilización genera una percepción refinada no solo de los sentimientos positivos sino también de los sentimientos ambivalentes y negativos. Pero son precisamente estos sentimientos desagradables los que no estamos dispuestos a aceptar, argumenta Reckwitz, señalando la coyuntura de la psicología positiva, que desde su punto de vista es problemática: «¡Sensibilidad, sí, pero, por favor, solo asociada con sentimientos positivos! Sensibilidad, sí, pero como sentido para formas estéticas bien configuradas, como sentido para una convivencia respetuosa, como sentido para la configuración del bienestar de cuerpo y alma. Una sensibilidad del bienestar».[11]

Por muy esclarecedora que sea esta observación, también se puede cuestionar: desde luego, Reckwitz no pretende decir que lo que hay que decirle a una persona de color que cuando va al trabajo recibe insultos por el color de su piel es que ella también debe abrirse a sentimientos negativos y aprender a soportarlos. Mirándolo más detenidamente, se aprecia que en esta situación se entremezclan varios factores y es más complicada: no hay que soportar todo dolor, pero tampoco hay que impedir socialmente todo dolor.

11 A. Reckwitz, «Dialektik der Sensibilität», *Philosophie Magazin* 6/2019, pp. 56-61; aquí: pp. 60/61.

Este libro no pretende establecer fórmulas definitivas para definir lo tolerable, dando respuestas a las preguntas de qué está permitido hacer y qué no. Más bien se trata de identificar lo inadmisible justamente en las tendencias a absolutizar, que se pueden localizar en ambos bandos en liza. Es inadmisible una resiliencia absolutizada, porque la consecuencia de ella es que a uno le rebotan los derechos de los demás. Pero también es inadmisible una sensibilidad absolutizada, porque reduce a las personas a seres vulnerables que hay que proteger y que son incapaces de solucionar sus problemas por sí mismas. El límite de lo admisible discurre por el campo de tensión entre ambos polos y remite a una nueva relación consigo mismo y con el mundo que todavía hay que hallar (véase el capítulo x).

CORPORAL, PSÍQUICA, ÉTICA, ESTÉTICA:
LAS CUATRO DIMENSIONES DE LA SENSIBILIDAD

Hay cuatro dimensiones de la sensibilidad, que tendrán un papel central en lo sucesivo. Como guardan una estrecha relación de condicionamiento mutuo, y por tanto se solapan y traspasan recíprocamente, el contenido del libro no se articulará según ellas. Pero sí ayudarán a sistematizar el campo temático. Las cuatro dimensiones son:

La sensibilidad corporal. Nos hace progresivamente sensibles para el dolor y los cuerpos extraños y también nos hace medir constantemente la distancia tolerable con el otro. La eficacia del movimiento *Me Too* es un ejemplo elocuente de hasta qué punto, en comparación con el siglo XX, durante los últimos años se ha refinado la sensibilidad para las agresiones. Como consecuencia de la pandemia de COVID-19, el «miedo al contacto», por emplear esta expresión de Elias Canetti, ha alcanzado una legitimidad virológica: la distancia adecuada hacia el otro pasa a ser literalmente un asunto del metro plegable.

La sensibilidad psíquica. Considerada históricamente, esta sensibilidad resulta de que las coerciones externas se han transformado en coerciones autoimpuestas. Al igual que la sensibilidad corporal, conlleva irritabilidad y delicadeza. Aquí también es significativo que el concepto de violencia se amplíe hasta incluir el lenguaje ofensivo o las imágenes que pueden herir la sensibilidad, pues es innegable que esa ampliación hace que baje el umbral de tolerancia para influencias externas.[12] El término peyorativo de *snowflake* o «copo de nieve» hace que resulte polémica la sensibilidad psíquica, al tomarla como una presunta hipersensibilidad: como «copos de nieve» se designan peyorativamente personas que se creen especiales, que no soportan opiniones contrarias y que son extremadamente sensibles a los estímulos y a las injerencias externas. Aquí se sitúan, entre otras cosas, los debates sobre los avisos de contenidos que pueden herir la sensibilidad y las discusiones sobre la sensibilidad lingüística, pero también la tendencia a la singularización social.[13]

12 Cf. S. Pinker, *Gewalt. Eine neue Geschichte der Menschheit*, Frankfurt del Meno, Fischer, 2011, pp. 582 ss.
13 Cf. A. Reckwitz, *Die Gesellschaft der Singularitäten. Zum Strukturwandel der Moderne*, Berlín, Suhrkamp, 2017.

La sensibilidad ética. Tiene su desarrollo filosófico y literario en el siglo xviii y, hablando en general, significa la capacidad de empatizar con otros. En opinión de la historiadora Lynn Hunt, no es casualidad que los derechos humanos se declararan justamente en el mismo siglo en el que la empatía pasó a ser tema sistemático de la filosofía, y en el que las novelas epistolares de Jean-Jacques Rousseau y Samuel Richardson fomentaron una profunda identificación con personajes femeninos sufrientes. Movimientos globales como *Black Lives Matter* y *Me Too,* o en menor medida también la difusión de la solidaridad con la comunidad transgénero, serían impensables sin esta forma de sensibilidad.

Y, por último, la *sensibilidad estética.* Designa una receptividad para lo bello y lo feo, el placer sublimado del «observador» (Elias) y el deseo posmoderno de singularidad y «resonancia». En su libro homónimo, el sociólogo Hartmut Rosa analiza el anhelo de un mundo que dé respuestas y que no deje indiferentes a las personas, sino que las *conmueva.* Para él, la experiencia estética es la experiencia de resonancia por excelencia.[14]

Objetivo de este libro

De este libro no debe esperarse un código de conducta ni un extenso estudio científico sobre la sensibilidad. El punto de referencia es más bien el presente con sus

14   Cf. H. Rosa, *Resonanz. Eine Soziologie der Weltbeziehung,* Berlín, Suhrkamp, 2016.

situaciones problemáticas concretas, que hemos descrito antes. Solo si se entiende más profundamente la progresiva sensibilización se podrán advertir también las tendencias progresivas y regresivas del proceso. El objetivo de este libro es esclarecer la sensibilidad en su dialéctica y entender de forma nueva su relación con la fuerza de resistencia, para hallar así salidas a las crisis de nuestro tiempo.

I. PROCESO DE SENSIBILIZACIÓN

LA HISTORIA DE LA CIVILIZACIÓN
SEGÚN NORBERT ELIAS

La época actual con sus cambios sociales tiene una dilatada historia, a lo largo de la cual se ha ido configurando progresivamente la sensibilidad humana. En su famosa obra *Sobre el proceso de la civilización,* el sociólogo Norbert Elias describe detalladamente este desarrollo, en concreto a partir de prácticas tales como las costumbres de mesa, las reglas de higiene o los hábitos matrimoniales. Para ilustrar el camino civilizatorio que el hombre ha recorrido en el curso de los últimos siglos, demos aquí un salto radical en el tiempo y hagamos un pequeño experimento mental. Nos hallamos en la Edad Media europea. Pensemos en un varón de unos treinta años en el siglo XI, e imaginémonos su vida tal como nos la explica Norbert Elias. Llamémosle Johan.

Johan es un caballero. Comenzó su formación de niño. La violencia es consustancial a su vida. De hecho, no conoce otra cosa. Tener consideración hacia los demás o preocuparse por ellos son cosas desconocidas en su mundo, como también lo son ciertas reglas básicas de conducta que hoy nos resultan habituales. Sonarse la nariz con los dedos es para Johan lo más normal del mundo. Cuando come en una gran mesa, con la misma mano con la que se acaba de sonar agarra trozos de carne directamente de la bandeja puesta en medio de la mesa, donde se acaba de trocear el animal muerto. Igual que no hay pañuelos, tampoco hay tenedores ni cucharas, y Johan se lleva la comida a la boca con su propio cuchillo, que por buenos motivos siempre lleva consigo.[1] Cuando Johan tiene hambre agarra la carne, moja vorazmente el trozo mordisqueado en la bandeja de salsa que comparten todos, mastica haciendo ruido, bufa, escupe y tampoco se corta a la hora de hablar. Si la comida no le gusta, lo dice. Aborda todos los temas, también los más delicados, y no tiene pelos en la lengua.[2] Vulnerabilidades ajenas, si las hubiera, discurren por debajo de su umbral de percepción. Johan comparte el vaso con su vecino de mesa. Con frecuencia nadan en la bebida migas de pan y restos de comida, pero eso no molesta a Johan. Si en un momento dado le entran ganas de hacer sus necesidades, las hace de cuclillas en un pasillo. Si de noche se despierta con ganas de orinar, lo hace en un rincón del dormitorio. Le da igual que lo vean orinando. También le da igual si otros lo ven desnudo. Mostrarse desnudo ante gente socialmente inferior es lo más normal del mundo. Cuando Johan se baña, lo sirven mujeres. El alcohol que bebe por la

---

1   Cf. N. Elias, *Sobre el proceso de la civilización, op. cit.*, pp. 102 ss.
2   Cf. *ibid.*, pp. 111 s.

noche también se lo sirven mujeres, lo que para un hombre como él, que tampoco se pone barreras sexuales, conlleva ciertas ventajas.[3] «No es vergonzoso, sino el orden natural y obvio de las cosas, que los guerreros, los nobles, tengan ganas de pasarlo bien y que los demás trabajen para ellos», escribe Norbert Elias en la primera parte de su obra. «Falta la identificación de las personas entre sí».[4] Aún más claramente lo dice unas páginas más adelante: «Las pasiones del caballero quedan satisfechas cuando él se sabe distinto de los demás. *La visión del contraste hace más placentera la vida*».[5]

Cuando Johan se casa, es costumbre que consume el acto sexual con su esposa —pongamos que se llama Cristina— en los aposentos nupciales en presencia de testigos. Solo entonces es válido el matrimonio («El derecho se conquista en la cama»).[6]

En su condición de caballero, Johan solo vive para el combate. Su única verdadera preocupación es que no lo venza alguien más fuerte. La dureza y la capacidad de resistencia son vitales. Sin embargo, no hay quien ponga coto a las crueldades que él mismo comete. Nadie protege a los débiles e indefensos. Johan saquea iglesias, viola, maltrata a viudas y huérfanos, mutila a sus víctimas. En cierta ocasión cortó las manos en un monasterio a ciento cincuenta hombres y mujeres y les sacó los ojos. Por cierto, Cristina no es más melindrosa que su marido. Al contrario. Hace que les amputen los

3   Cf. *ibid.*, p. 204
4   *Ibid.*, p. 246.
5   *Ibid.*, p. 247.
6   Cit. en *ibid.*, p. 216.

pechos o les arranquen las uñas a las mujeres de rango inferior.[7] Johan siempre está dispuesto a la violencia, y eso tiene para él gran importancia vital y es muy placentero. Si resulta que no hay guerra, Johan lucha en torneos, que no son menos brutales. Quien no siente el «éxtasis»[8] de matar muere pronto.

Con todo esto, apenas hace falta decir que Johan no tenía ni podía tener sensibilidad para la belleza del entorno. La naturaleza solo significaba peligro y escondía en todo momento la posibilidad de una emboscada, que era preciso advertir a tiempo. Cuando iba por los bosques o por campo abierto no hacía más que otearlos en busca de enemigos.

EL YO SENSIBLE

Pasemos al presente. Unos mil años después, Johan es ahora Jan. Reside en una gran ciudad. Está casado y tiene dos hijos en edad escolar. Estado social: clase media alta.

De niño a Jan no le pegaron ni una sola vez. Jamás se le ocurriría pegar a nadie. Incluso con sus hijos apuesta por la fuerza del cariño y del razonamiento como las cosas más obvias del mundo. Les dedica tiempo, les da besos y habla largamente con ellos, se mete en su mundo. Cuando le lee a su hija de seis años *Pippi Calzaslargas* (en la edición que él mismo tenía de niño)

7   Cf. *ibid.*, p. 232.
8   Cit. en *ibid.*, p. 234.

omite la «palabra que empieza por ene» y, en vez de eso, dice «el rey de los mares del sur», no vaya a ser que en el vocabulario de su hija entre la palabra con la que las personas de color fueron denigradas durante siglos y aún lo siguen siendo. Al fin y al cabo —Jan está convencido— hay que erradicar esta injuriante palabra de la memoria cultural. Jan respeta por principio la vulnerabilidad de los demás, trata de empatizar con su dolor, en lugar de juzgarlo.

Jan da clases de alemán y de política en un instituto de enseñanza media, trabajo que le permite estar mucho tiempo en casa y ocuparse del hogar. Le gusta cocinar, y por motivos éticos solo hace comidas vegetarianas. Los animales son seres que pueden sufrir y en los que anida una profunda e imperiosa voluntad de vivir: la única postura consecuente con esta circunstancia es renunciar a comer carne, como dice Jan cuando sus amigos le preguntan por qué es vegetariano.

Tina, la esposa de Jan, trabaja de redactora en la radio, donde se pasa todo el día. Cuando regresa a casa los días de trabajo la cena ya está puesta. Ella sensibilizó a Jan hace ya muchos años para la problemática del masculino genérico, que aunque en un sentido puramente gramatical es de género neutro, en la imaginación solo evoca varones. Aquella vez le preguntó Tina: «¿O en quién piensas tú cuando dices "como hoy hace mucho calor los alumnos no tienen clase", en niñas o en niños?».

Desde entonces Jan emplea el lenguaje inclusivo, igual que hace Tina en sus programas. En las reuniones dice «alumnos, alumnas y alumnes», para no excluir a Sasha y a Álex, dos estudiantes del último curso que se sienten no binarios, es decir, ni masculinos ni femeninos. Añadir «alumnes», explicó Jan hace unos meses en la sala de profesores a sus colegas de más edad que se mofaban de esa forma de hablar, da entrada al tercer, al cuarto, al quinto género. Empecinarse cerrilmente en que solo hay dos géneros es «transfóbico». Cuando le dijeron con ironía que precisamente un profesor de alemán como él debería tener sensibilidad para la estética del lenguaje, que queda destruida con semejante «neolengua», Jan replicó: como si en última instancia no fuera más importante la ética que la estética, sobre todo ahora que sabemos que la belleza solo se emplea como hoja de parra para tapar la injusticia. ¿Qué hay de malo en el deseo de representar a todos los géneros, en vista de una historia brutal y patriarcal que también se refleja precisamente en el lenguaje? Por cierto, añadió Jan ante el tenso silencio de sus colegas, ese es justamente el motivo por el que sus hijos llevan el apellido de la madre. Después de todo, los padres ya habrían transmitido su apellido durante demasiado tiempo, y tampoco por eso se le han caído a él los anillos, máxime cuando, aun sin el simbolismo del nombre, él sigue manteniendo un fuerte vínculo emocional con sus hijos. Los colegas hicieron chistes de si quizá Jan prefería llevar faldas, pero no adujeron contraargumentos racionales.

Jan se solidarizó por convicción y por empatía con el movimiento *Me Too,* aunque es muy consciente de la problemática de que él, como varón, no es capaz de saber cómo siente una mujer, y que ya solo por eso no puede hablar por ella. Su propia esposa Tina sufrió en cierta ocasión acoso sexual. El acosador fue un redactor a punto de jubilarse, cuando ella era aún una becaria. Ella jamás olvidará la arrogante sonrisa de él mientras acariciaba sus pechos como por descuido. Así se lo contó ella a Jan una noche, mientras bebían vino tinto, cuando el movimiento *Me Too* empezaba a tomar impulso. A ambos les parece bien que ahora se arremeta contra la «masculinidad tóxica» y que se proteja a las mujeres de ella.

Jan y Tina ya no tienen relaciones sexuales con tanta frecuencia como antes. La sensación que Tina tiene de su cuerpo ha cambiado tras los partos; rara vez tiene ganas de sexo y, desde que es madre y sus hijos buscan su cercanía, necesita más distancia corporal. Jan lo entiende perfectamente, aunque echa de menos el contacto y a veces las relaciones sexuales. Por la noche, cuando en la cama le acaricia levemente el brazo y ella no responde a su contacto, le dice con ternura «buenas noches». ¿Quién es él, después de todo, para contrariar la voluntad de su mujer?

Jan, y él mismo lo sabe, necesita armonía, solo se siente realmente a gusto cuando todo encaja. Por eso no percibió como una injerencia en su libertad las restricciones que se impusieron en las fases más agudas de la crisis del COVID-19, sino que se lo tomó como un proyecto común: llevar mascarilla, mantener la distancia y guardarse respeto mutuo son para él una oportunidad de asentar profundamente en la sociedad, de una vez por todas, valores como la solidaridad, la empatía y la preocupación por los demás, y eso hay que hacerlo a nivel internacional. ¿Acaso el virus no ha puesto de manifiesto hasta qué punto estamos interconectados y lo vulnerable que sigue siendo el hombre todavía hoy?

Aunque eso Jan ya lo sabía antes del COVID-19. Y lo experimentó de forma muy concreta. En 2015, cuando los «desplazados» (Jan evita la palabra «refugiados» por su degradante minimización) llegaron a Alemania, él se percató con toda claridad de su indigencia, y en la cocina de su casa se puso a dar clases de alemán a tres hombres sirios que estaban fuertemente traumatizados.

Jan no sobreestima demasiado su ego. En cambio, tiene una sensibilidad muy pronunciada para su propio cuerpo, al que cuida y escucha. Por consideración a su entorno no fuma. Bebe poco y tres veces por semana corre cuarenta minutos por el parque. Si se siente agotado se va pronto a la cama y trata de dormir bien. El colchón de látex, que él y Tina se compraron hace un año por los dolores crónicos de espalda que él padece, fue una buena compra. Fuera del dormitorio, tampoco el espacio vital compartido es para Jan cosa de poca monta, sino algo esencial para el bienestar y la convivencia. Él y Tina decoraron juntos la vivienda con un gusto exquisito: los muebles son piezas únicas que un carpintero concienciado con el medio ambiente fabricó con antiguas tablas del suelo. Tina y él son muy observadores, tienen una sensibilidad muy pronunciada para captar la belleza de la naturaleza. Hacen frecuentes excursiones familiares por los alrededores, en tren de cercanías o en bicicleta (por motivos ecológicos no tienen coche), para ir a bañarse o para hacer caminatas, y también para sensibilizar a los niños de los daños del cambio climático. ¿Veis las copas secas de los árboles? ¿El bajo nivel de agua en el pantano? Jan hace a menudo estas preguntas, lo que inquieta mucho sobre todo a su hijo, que ha aprendido de su padre que el hombre es parte de un sistema sensible que no debe perturbar si quiere sobrevivir. Desde hace unas semanas, cuando el niño de ocho años llega del colegio, por propia iniciativa riega con una regadera verde el tilo que hay delante de la casa.

Refinamiento de la conducta

Basten estas descripciones para mostrar plásticamente en cierta medida el enorme desarrollo que se ha producido durante los últimos siglos. Del feroz carnívoro al vegetariano cauteloso, del violador sin escrúpulos al feminista que cuida su lenguaje, del vencedor sádico al empático ayudante de refugiados y amigo del medio ambiente, del que defeca por los rincones y se suena la nariz con la mano al pulcro esteta: ¡menuda transformación del género humano! O, por traer a colación los conceptos decisivos de Norbert Elias, ¡menuda «regulación de las pasiones» y menuda «atenuación de los instintos»! Logros culturales que, como explica el sociólogo, se traducen en una «modificación de la conducta y de la sensibilidad humanas en una dirección muy determinada»,[9] concretamente hacia un disciplinamiento y una sensibilización progresivos del yo.

9 Cf. N. Elias, *Sobre el proceso de la civilización, op. cit.*, p. 449.

En efecto, si damos la razón a Elias, el caballero medieval Johan, con su falta de sensibilidad y su rudeza, es uno de los últimos de su especie, pues en el siglo XIII, tal como concluye el sociólogo a partir de los manuales educativos y los poemas didácticos de aquella época, empieza a haber una fuerte presión externa para controlarse y comportarse. Un motivo esencial de ello fue el paso de las órdenes de caballería independientes a la nobleza cortesana bien educada: a partir del siglo XII los caballeros se vincularon estrechamente a las cortes y se amansaron por completo. La corte ofrecía a los guerreros más seguridad corporal y vital, pero al mismo tiempo les exigía refinamiento y que su conducta se hiciera literalmente cortesana. El «Poema didáctico cortesano» del siglo XIII, atribuido al poeta medieval Tannhäuser, y más tarde el manual educativo *De civilitate morum puerilium* (1530), del humanista Erasmo de Róterdam, son para Elias pruebas de que, en el «entramado» cortesano, con todas sus dependencias y sus presiones, se le pide al hombre mayor sensibilidad para moderar sus olores y sus ruidos, sus transgresiones y sus agresiones.

Un buen ejemplo de este último aspecto, de las agresiones, es el manejo del cuchillo. Su uso se limitó y se redujo cada vez más, y no solo como arma real, sino sobre todo como símbolo de la agresividad humana. Ya en el siglo XVI se aconsejaba que, cuando se pasara un cuchillo a otra persona, se entregara por la empuñadura y no por la punta. Hasta el día de hoy se sigue considerando poco delicado cortar los huevos o las patatas con el cuchillo: solo se debe emplear cuando sea absolutamente necesario. Asimismo, no es decoroso regalar cuchillos a los amigos. Así es como, a lo largo del proceso de civilización, este objeto se ha tabuizado cada vez más, pues su uso despierta asociaciones negativas con una época que se extinguió hace tiempo.

DISCIPLINAMIENTO Y SENSIBILIDAD

De este modo, la violencia externa fue siendo sustituida progresivamente por una violencia interior, por la presión para «amoldarse» y «neutralizar las pasiones» racionalmente, cuyo equivalente emocional era la suscitación de sentimientos de vergüenza y ridículo. Razón fría y acalorada vergüenza, disciplinamiento y sensibilidad son «caras distintas de la misma transformación psíquica»,[10] como escribe Elias. Los acicates decisivos para someterse a esta transformación fueron las ventajas económicas y las posibilidades materiales que se esperaba obtener en la corte, así como, aún más decisivamente, razones de prestigio: cuanto más distintos eran los grupos humanos que se congregaban en la corte, tanto más fuerte era «la presión que ejercía sobre el individuo el hecho de pertenecer a un estamento "superior" y el deseo de permanecer en él».[11]

Por tanto se trataba, simple y llanamente, de distinguirse gracias a una sensibilidad más refinada para las conductas indecorosas o inmorales. Por eso es ló-

10 *Ibid.*, p. 499.
11 *Ibid.*, p. 480.

gico que el concepto de sensibilidad pasara a tener un uso distinto en el siglo XVII: se empleaba como designación de las propiedades morales y virtuosas de los nobles en la sociedad cortesana, sobre todo en Francia.[12]

Con los monopolios de poder y la formación de los Estados, se impulsaron imparablemente la pacificación de la vida cotidiana y las mezclas de los estamentos y, en consecuencia, siguió aumentando la sensibilización: desde la nobleza se propagó hacia abajo, a la burguesía, y desde esta repercutió de nuevo hacia arriba como un afán acrecentado de distinción. Una espiral que expulsó del ámbito público toda intimidad, confinándola en el ámbito privado, y que provocó el refinamiento de las conductas, ya fuera en la mesa o en la cama:

> Cuanto más se atenúan los fuertes contrastes de la conducta individual, cuanto más se reprimen, se contienen y se transforman los grandes y ruidosos estallidos de placer o de aversión por medio de coerciones autoimpuestas, tanto mayor se vuelve la sensibilidad para los matices y los grados, tanto más sensibles se vuelven las personas para los gestos y las formas menores, tanto más diferenciadamente se perciben las personas a sí mismas y a su mundo en capas que antes no habían podido llegar a la conciencia atravesando el velo de las pasiones desatadas.[13]

12 Cf. F. Baasner, «Sensibilité», *op. cit.*
13 N. Elias, *Sobre el proceso de la civilización, op. cit.*, pp. 504-505.

44

A raíz de la industrialización, con sus procesos laborales cada vez más complejos, con una presión cada vez mayor de la competencia, con el crecimiento de las ciudades y la mayor densidad de población, la sensibilidad generada por el autocontrol se convirtió realmente en el lubricante de las sociedades funcionales. De modo correspondiente, también como atributo hacía ya tiempo que no se reservaba solo para una pequeña élite nobiliaria. Ya en el siglo XVIII el ilustrado Jean-Jacques Rousseau atribuía a todas las personas la capacidad de sensibilidad, precisamente porque él no la situaba en el afectado mundillo de la corte, sino en la propensión natural al bien (véase el capítulo III).

Pero Norbert Elias pone unos límites claros a esto: no hay que engañarse creyendo que el proceso civilizatorio ha concluido. El hombre es atormentado por unos profundos conflictos internos que surgen de la continua regulación de las pasiones acompañada de un sentimiento de vergüenza, «ya sea en el trabajo, en el trato social o en el juego amoroso».[14] Mientras el hombre siga dominado por estos miedos a su propia agresividad, a sus instintos interiores y a sus pasiones, la civilización seguirá siendo un proceso. Solo finalizará cuando hayamos encontrado «la armonía entre las tareas sociales, entre todas las exigencias de una existencia social por un lado y las inclinaciones y necesidades personales por otro lado».[15]

14 *Ibid.*, p. 529.
15 *Ibid.*, p. 532.

Elias escribió *Sobre el proceso de la civilización* en la década de 1930. La obra se publicó en 1939. Por tanto, en una época en la que la disciplina, la moral sexual y las costumbres eran mucho más estrictas. Recordemos ahora a Jan. Al Jan actual y sensible, que por propia convicción evita usar palabras ofensivas y que percibe con delicadeza el estado anímico de la mujer que yace a su lado. Recordemos su enorme sensibilidad —corporal, psíquica y ética— para percibir las necesidades y los límites propios y ajenos. Cómo encarna también la conquista civilizatoria de la sensibilidad estética por excelencia, el «placer visual».[16] Un placer que el hombre fue capaz de sentir y cultivar por primera vez cuando la naturaleza y el entorno dejaron de representar un peligro y se abrieron a la percepción estética. Un placer que, a diferencia de otros, es culturalmente valioso, y que Jan, sensible a la belleza y a las cosas únicas, plasma en su entorno vital inmediato, que es su casa. Sus inclinaciones personales coinciden sin problemas con las exigencias sociales, que en comparación con los años treinta son menos rígidas y dejan más margen para la organización personal.

¿Es que acaso el frío disciplinamiento se ha disuelto ya por completo en la cálida sensibilidad? ¿Un hombre como Jan no marca el punto final de lo que Elias aún describía en los años treinta como un proceso progresivo? ¿No es él, contemporáneo sensibilizado corporal, psíquica, ética y estéticamente, la prueba viviente de la

16 *Ibid.*, p. 505.

civilización consumada? Evitar el dolor, mostrar respeto y consideración, tener sensibilidad para captar las necesidades, las barreras y las vulnerabilidades propias y las ajenas: ¿quién no designaría estos ideales y propiedades el cenit de la humanidad? (véase el capítulo III).

Pero, mirándolo bien, se comprueba que la existencia en la Modernidad tardía tampoco carece de sus contradicciones. También en el siglo XXI las personas se ven forzadas a inhibir sus instintos y a regular sus pasiones. El disciplinamiento sigue actuando aunque no se lo vea ni se lo perciba tan claramente. Cuanto más sensible es la conducta, tanto más intensamente se asimilan e interiorizan las coerciones sociales. Parafraseando al psicoanalista Jacques Lacan: los deseos propios son siempre también los deseos de la sociedad, cuyas exigencias se han asimilado hasta los tuétanos.

¿Pero cómo se puede entender entonces la sensibilidad tal como la encarnan Jan y Tina? Richard Sennett nos da una importante indicación: «Las sociedades occidentales avanzan desde unas situaciones que en cierto modo están guiadas desde fuera hacia otras que están guiadas desde dentro».[17] Lo que guía cada vez más las acciones no son ya formas universales del trato público, sino los sentimientos. ¿Qué me hiere a mí o a otros? ¿Cuándo me ofenden a mí o a otros? ¿En qué momento las normas y formas sociales pasan por encima de la singularidad individual y de la vulnerabilidad específica de las personas (o de los seres vivos en general)?

17   R. Sennett, *Verfall und Ende des öffentlichen Lebens*, Frankfurt del Meno, S. Fisher, 2004, p. 18.

En consonancia con esta lógica guiada desde dentro, también se percibe como lesivo el lenguaje como sistema supraindividual, porque lo que es vinculante para todos contradice la íntima necesidad de representación auténtica. Las reglas ya no constituyen el marco en el que puede acontecer el juego de las escenificaciones, sino que se consideran un menosprecio lesivo del yo.

Es comprensible que las normas, las formas y los papeles impuestos se perciban como alienantes e incluso como una violencia, y que los grupos discriminados expresen cómo lo perciben: ¿cómo luchar por el reconocimiento sin dejar bien claro cómo se presenta y se siente la realidad social desde una determinada perspectiva que hasta ahora se ha discriminado? Por decirlo más claramente: para nombrar las dinámicas estructurales de discriminación, las personas deben mostrarse en su vulnerabilidad y tienen que señalar su etnia y su género.

Pero el énfasis de lo auténtico y el poder de los sentimientos provocan al mismo tiempo la pérdida de una importante función protectora. Las formas dan sostén y crean vínculos entre los individuos. Mientras las personas se tratan entre sí como personas públicas, dejan aparte lo íntimo y lo privado, y por tanto también su yo vulnerable. Sennett observa con preocupación el desarrollo que él diagnostica: «El mundo de las sensaciones íntimas pierde todos los límites; ya no es limitado por un mundo público que represente una especie de contrapeso a la intimidad».[18]

18 *Ibid.*, p. 19.

La «tiranía de la intimidad» hace que aumente automáticamente la vulnerabilidad, como pone de relieve Robert Pfaller siguiendo a Sennett: «También en la esfera pública los hombres ya solo deben considerarse personas privadas que es mejor no tocar, y no funciones públicas que se pueden intercambiar».[19]

La mayor vulnerabilidad —así se podría seguir desarrollando esta argumentación— genera a su vez mayor necesidad de protección. El presupuesto tácito de Jan es que es el mundo el que debe amoldarse a la vulnerabilidad humana, y no al revés. La «palabra que empieza por ene» debe erradicarse en todos los contextos, cualesquiera que sean; hay que eliminar el masculino genérico; hay que proteger a las mujeres del acoso sexual. ¿Pero dónde queda entonces la fuerza del yo?, objetan los adversarios de este desarrollo. ¿La autonomía? ¿La capacidad de autoprotección?

Sensibilidad *versus* resiliencia, vulnerabilidad *versus* fuerza de resistencia: una situación que habrá que ahondar en los capítulos siguientes.

19 R. Pfaller, *Die blitzenden Waffen. Über die Macht der Form*, Frankfurt del Meno, S. Fisher, 2020, p. 40.

II. LA FUERZA DE LA HERIDA

RESILIENTE O SENSIBLE: AUTOTEST

Comencemos con un pequeño juego.

1. Usted está sentado en el teatro. Se representa *Otelo,* de Shakespeare. Sobre el escenario se pronuncia la «palabra que empieza por eme».[1] A) Usted ni repara en ello. B) Usted se escandaliza y abandona la sala.
2. Un compañero de trabajo hace un chiste sobre usted. A) Usted le recrimina la ofensa. B) Usted se siente ofendido y se retira.
3. En el telediario de la noche usted ve las imágenes del naufragio de un bote de refugiados. Entre los ahogados hay también niños. A) Usted empieza a debatir con su pareja sobre cómo se podrían evitar esas catástrofes en el futuro. B) Usted tiene que apartar la vista espontáneamente, porque las imágenes de sufrimiento le resultan simplemente insoportables.

---

1 La «palabra que empieza por eme» es «moro».

Si usted ha escogido tres veces la opción A, entonces cabe suponer que no es usted especialmente sensible. Usted se reconoce más bien en el famoso pasaje de *Ecce Homo* de Nietzsche: un hombre hecho y derecho «discurre antídotos contra el daño, hace que las contrariedades jueguen a su favor; lo que no lo mata, lo hace más fuerte».[2] Usted espera que también sus conciudadanos tengan esta fuerza de resistencia, pues solo un yo resiliente, solo un yo que se crece con las crisis y que sabe prepararse para afrontar las vicisitudes de la vida es fiable en la vida privada y laboral, y en último término solo un yo así es indispensable para una democracia. ¿O de qué otro modo se podrían tomar decisiones sensatas y hacer debates duros, de qué otro modo se podría mirar pragmáticamente hacia el futuro, si uno enseguida rompe a llorar ante el dolor propio y ajeno y todo se lo toma personalmente? No, no es que el mundo sea demasiado duro. Al contrario, usted está convencido de que nosotros somos demasiado blandos. Una sociedad del bienestar nos ha educado para convertirnos en «sensibleros», una sociedad que trata a los ciudadanos como niños y que se comporta como una madre solícita: lo importante es que nadie llore.

Muy distinta es la cosa si usted pertenece más bien al tipo B. La estrella filosófica que le guía no es Nietzsche, sino el filósofo francés Emmanuel Lévinas. Lévinas

2   F. Nietzsche, *Ecce homo*, en *Obras completas* IV, Madrid, Tecnos, 2016, p. 787.

es el pensador de la vulnerabilidad y de la demanda incondicional. Según él, el hombre es un vulnerable ser de carencias: necesita amor, necesita atenciones, y está provisto de un derecho a eso. Cuando se encuentra con alguien, su «rostro» le interpela para que lo acoja y no le inflija daño. «La relación con el rostro —escribe Lévinas— es, por una parte, una relación con lo absolutamente débil, con lo que está expuesto absolutamente, con lo que está desnudo y despojado».[3] Para Lévinas el hombre es esencialmente vulnerable. Exactamente eso es lo que nos iguala a todos y nos conecta con todos. Quien es ofendido sufre una «derrota de la identidad del yo».[4] Esta fragilidad conlleva su propia razón de ser: es la sensibilidad la que nos convierte en personas. «Habrá que describir el sujeto como [...] vulnerable, lo cual significa, exactamente, sensible»,[5] escribe Lévinas. Así que, en vez de subsanar la debilidad, debemos reconocerla y protegernos mutuamente. Quienes más solidaridad necesitan son, sobre todo, los que todavía siguen siendo discriminados y marginalizados socialmente: gente de color, homosexuales, transexuales, mujeres, refugiados, víctimas de violencia sexual.

Trabajar en sí mismo *versus* protección de sí mismo. Resiliencia *versus* sensibilidad. Nietzsche *versus* Lévinas. Imaginémonos que un representante del grupo A

3   E. Lévinas, *Entre nosotros. Ensayos para pensar en otro*, Valencia, Pretextos, 2001, p. 130.
4   *Id.*, *De otro modo que ser o más allá de la esencia*, Salamanca, Sígueme, 2003, p. 59.
5   *Ibid.*, p. 108.

(Nietzsche) entra en conversación con un representante del grupo B (Lévinas). En realidad son amigos,
pero la discusión política los malquista. ¿Cuáles podrían ser los argumentos? ¿Y quién acaba teniendo
razón al final?

Nietzsche contra Lévinas: una controversia

A (equipo Nietzsche): En tu percepción del mundo no
veo tensión vertical. Tú tiras del conjunto de la sociedad desde abajo, no desde arriba. ¿El hombre es
vulnerable y necesita básicamente a los demás? Con
esto lo condenas a su debilidad. Lo que a mí me
interesa es cómo puede crecer el hombre. E incluso
cómo puede superarse a sí mismo.

B (equipo Lévinas): Para ti es muy fácil hablar. Tú no
perteneces a un grupo oprimido. Nunca has sabido
qué significa que te escupan, te insulten y te ame-
nacen de muerte, y no ya por lo que tú hagas, sino
simplemente por lo que eres: transexual, negro, judío... ¡Date cuenta de que tu posición es privile-
giada y abandónala de una vez!

A: Punto a tu favor. Sin embargo, justamente a los
grupos discriminados y marginalizados les ayuda-
ría mucho apelar a lo posible. En lugar de hacerse
«medicar»[6] hay que dejarse llevar por el instinto de
«autodefensa».[7]

6 F. Nietzsche, *Ecce homo*, *op. cit.*, p. 787.
7 *Ibid.*, p. 805.

54

B: Aquí se aprecia todo el cinismo de tu posición. ¿O sea que un negro que es discriminado a diario debe hacer una cura en el balneario de Sils Maria para fortalecer sus defensas? Campañas de difamación contra migrantes, homofobia o transfobia, ¿todo eso se reduce a una mera cuestión de resiliencia? Así no haces más que consolidar los desequilibrios y fomentar la violencia física. Transfieres toda la responsabilidad al individuo. El concepto de resiliencia es el neoliberalismo más crudo.

A: Pero no menos falso es lo contrario. ¿O sea que no es el yo el que debe cambiar, sino solo la sociedad? Eso se llama autocomplacencia. Aparte de que, si cambian los individuos, también cambia la sociedad, y lo hace orgánicamente, desde abajo, por así decirlo desde la raíz, por las personas mismas.

B: Pero eso es exactamente lo que estamos viendo. Los negros, las mujeres, los transexuales toman la palabra. Expresan sus exigencias. Nos confrontan con su perspectiva, que hasta ahora se había pasado por alto y a la que no se había prestado oídos. Mientras que tú cierras los ojos y te tapas los oídos.

A: El problema radica más bien en tu ilimitada empatía. *Refugees welcome? Leave no one behind?* Toda responsabilidad es finita. Y más aún en un mundo globalizado. No puedes curar todas las heridas. Hay que formular criterios, discernir entre demandas legítimas e ilegítimas.

B: Tú te cierras al sufrimiento, yo me abro a él. La vulnerabilidad del otro es mi imperativo para actuar.

A: Disculpa, ¿pero estás diciendo que quien más llora más mama? ¿Como los niños pequeños en el cajón de arena, que «lloran y gritan *con el fin* de ser compadecidos hasta que su estado llame la atención»?[8] ¿*Hashtag* #*Grito*? Lo que puso en marcha una iniciativa feminista que acabó alcanzando carisma global no fue más que el estúpido comentario de un político del Partido Demócrata Liberal alemán a punto de jubilarse.

B: La frase «Usted también podría servir de relleno para un traje tradicional» dicha a una joven periodista fue un caso clarísimo de ofensa a la dignidad. Rainer Brüderle tomó a Laura Himmelreich como un objeto. El *hashtag* expresaba una solidaridad imperiosa y necesaria.

A: «El pathos agresivo es tan necesariamente inherente a la fortaleza como los sentimientos de venganza y de rencor lo son a la debilidad».[9] Aquí no hay más que sed de venganza. Como no se soporta la fortaleza, se la rebaja hasta ponerla al nivel de uno. El resentimiento está muy propagado. Basta con que uno diga que hay hombres y mujeres para que ese resentimiento aflore con todo su rencor.

B: Ya. Aludes a los transgénero. ¿Qué sabes tú de ellos?

A: Que evidentemente son demasiado sensibles para este mundo. Y que pertenecen a esa especie que, «como consecuencia de una sola vivencia, de un

---

8   F. Nietzsche, *Humano, demasiado humano*, en *Obras completas III*, Madrid, Tecnos, 2014, p. 101.

9   *Id.*, *Ecce homo, op. cit.*, p. 792.

solo dolor, en particular de una única y sutil injusticia, se desangran irremisiblemente, como de resultas de un levísimo rasguño».[10]

B: O sea, que no tienes ni idea. Un transexual no es simplemente alguien que por puro capricho quiere cambiar de sexo, que exige que haya tres baños separados y que, encima, exige subvenciones y se pone a llorar cuando alguien no lo interpela correctamente. Un hombre transexual, por decirlo desde su propio punto de vista, nunca ha sido una mujer, sino que estaba metido en un cuerpo que para la sociedad lo convertía en mujer, pero que, por decirlo otra vez desde su punto de vista, era un cuerpo inadecuado, un cuerpo que no coincidía con su identidad sexual. Las personas que se sienten tan radicalmente atrapadas sufren mucho bajo esa situación. Sufren hasta tal extremo que no rara vez se quitan la vida. No es ninguna menudencia.[11] Básicamente estamos hablando del trato social que se da a posiciones sexuales que se sitúan entre lo masculino y lo femenino. Las personas propenden a encasillar enseguida todo fenómeno en una u otra categoría. Lo que no encaja en las categorías existentes resulta irritante y fácilmente se convierte en objeto de odio. Con esto tiene que ver que los transgénero, tanto si se operan para cambiarse de sexo como si no, seguirán siendo menospreciados mientras sigamos hablando con

10 *Id.*, *Consideraciones intempestivas*, en *Obras completas I,* Madrid, Tecnos, 2011, p. 698.
11 Cf. G. Dell'Eva y S. Schmidt, «Im falschen Körper?», *Philosophie Magazin* 6/2019, pp. 36-43.

toda obviedad de hombres y mujeres, es decir, en un sentido biológico.

A: ¿Puedo objetar aquí algo? ¿Qué quieres decir exactamente con eso? ¿Que no hay mujeres ni hombres? ¿Que no existen personas que no tienen problemas con su biología y que incluso hacen de ella una fuerza? Eso no es solo discriminatorio, sino también peligroso. Si no existe la realidad, entonces se puede afirmar todo. Para decirlo directamente: la «ideología de género» es una «moral de esclavos».

B: ¡No te reprimas, suelta a la «bestia rubia»![12]

A: Claro. En caso de duda uno es un nazi. En vez de discutir abiertamente las cuestiones, se rechaza la opinión contraria como reaccionaria y así se la invalida.

B: Eso es absurdo. Nadie te impide formular tu posición. Pero hay que contar con que, si uno mantiene tales opiniones, ya no le inviten a cenar. El boicot sistemático es otra cosa. ¡Y encima todas estas lamentaciones de que las viejas certezas se están desmoronando!

A: Disculpa, pero en Estados Unidos ya hay personas que pierden su trabajo si los llamados grupos reprimidos se sienten vulnerados. Los «elocuentes lamentos y lloriqueos, su ostentación de la propia infelicidad»[13] tienen un reverso profundamente agresivo. El consuelo consiste en «*tener* al menos

---

12   F. Nietzsche, *Genealogía de la moral*, en *Obras completas IV, op. cit.*, p. 472.

13   *Id.*, *Humano, demasiado humano, op. cit.*, p. 101.

58

un poder pese a toda su debilidad: el *poder de hacer daño*».[14]

B: Aquí precisamente radica el malentendido. En la debilidad hay una fuerza. Pero no una fuerza en el sentido de un resentimiento rencoroso, sino en el sentido de una mostración desprotegida de la propia vulnerabilidad: «Franqueza, sinceridad, veracidad del Decir: no un Decir que se disimula y se protege en lo dicho, escudándose en palabras frente al otro, sino un decir que se descubre —esto es, que se desnuda de su piel— como sensibilidad a flor de piel, a flor de nervios, que se ofrece hasta el sufrimiento»:[15] en esto estriba el potencial de la sensibilidad.

A: ¡Ahora es cuando empezamos a entendernos! «Lo que no me mata, me hace más fuerte»: de la herida surge la fuerza.

ABSOLUTIZACIONES PROBLEMÁTICAS

Esta ha sido la pequeña disputa ficticia. ¿Qué conclusiones podemos sacar de ella? El representante del equipo de Lévinas señala el peligro de una resiliencia absolutizada. Es la sensibilidad para la vulnerabilidad del otro la que constituye el núcleo de la humanidad y el motor de la transformación social. Quien, por el contrario, declara como principio único y supremo la resistencia individual, pasa por alto el sufrimiento

---

14 *Ibid.*, p. 102.
15 E. Lévinas, *De otro modo que ser o más allá de la esencia, op. cit.*, p. 60.

de los demás y consolida estructuras discriminatorias. Además, es importante saber desde qué situación habla una persona. Si pertenece a un grupo marginalizado y discriminado o no. Esperar sin más de los afectados objetividad fría y distanciamiento significa menospreciar su situación. El afectado por la situación, quien está en medio de un fuego cruzado, quien está siendo víctima de violencia, no mira su posición desde fuera, sino que al mismo tiempo se encuentra siempre en ella y reacciona sensiblemente a las transgresiones. El menosprecio de esta sensibilidad por falta de empatía, incluso la intención de ser provocativo con ella, podrá acogerse a la libertad de expresión, y de este modo no infringirá ningún límite jurídico. Y, sin embargo, tales actos ignoran básicamente lo que Lévinas asocia con el «rostro» del otro: la prohibición de matar (también en un sentido psíquico) y, junto con ello, una profunda sensibilidad para su vulnerabilidad.

Por su parte, el defensor de la postura de Nietzsche se da cuenta de cuál es el punto débil del paradigma de la vulnerabilidad: el peligro de una sensibilidad absolutizada. Después de todo, el propio Lévinas deja sin resolver cómo se podría hacer justicia a la vulnerabilidad de cada individuo. También sigue siendo cuestionable de qué tipo debe ser un dolor para reclamar una «respuesta», para demandar responsabilidad. ¿Basta con manifestar el dolor? Seguro que no, pues todo tipo de grito también puede tener carácter instrumental o ser exagerado. Fijándose en Lévinas, el filósofo Burkhard Liebsch pregunta quién o qué podría liberarnos entonces de la tarea de *percibir* y *juzgar* en concreto [la situación de una persona], sobre todo teniendo en cuenta que, cuando nos hallamos con otros, siempre estamos entre terceros que, al discutir sobre sus demandas, continuamente nos meten en conflictos que parecen irresolubles, ya solo a causa de la inhabitual sensibilidad que parecen tener esas personas. Una cosa es mostrarse radicalmente «abierto», e incluso vulnerable, en vista del otro, que puede ser cualquiera; y otra cosa es tenerlo en cuenta concretamente.[16]

Y si damos la razón a Nietzsche, la absolutización de la humanidad sensible acarrea la consecuente inversión de los valores. Se cultiva la debilidad, no la fuerza. Lo vulnerable, no lo resistente. La vulnerabilidad, no el armamento. La pasividad desbanca a la actividad.

Hasta aquí sobre las diferencias. Centrémonos ahora en el punto de contacto de ambas posturas: la herida.

Resiliencia sensible

De la herida surge la fuerza: ¿quién sino Nietzsche podría haber sido la personificación de esta tesis? Nietzsche, el padre espiritual del hombre superior, fue al mismo tiempo lo que hoy se designaría un hombre sumamente sensible: su hipersensibilidad para el clima

16 B. Liebsch, *Menschliche Sensibilität. Inspiration und Überforderung*, Weilerswist, Velbrück Wissenschaft, 2008, p. 74.

y la luz, su migraña, su labilidad psíquica están insepa-
rablemente asociadas a su fuerza creadora.[17]

De la herida de Nietzsche surgió una obra que
nace de un talento muy sensible para la observación y
que también expresa la vulnerabilidad del autor: «Uno
no sabe librarse de nada, no sabe dar nada por termi-
nado, no sabe rechazar nada: todo hiere», se lee en la
obra autobiográfica de Nietzsche *Ecce Homo*. «Hombres y cosas se entrometen de forma molesta, las vivencias golpean con demasiada intensidad, el recuerdo
es una herida purulenta».[18] Como «remedio curativo»
para esta situación desesperada el pensador recomendaba «*fatalismo ruso,* ese fatalismo sin rebeldía, en virtud
del cual un soldado ruso al que la campaña militar se
le ha hecho demasiado dura acaba tendiéndose en la
nieve».[19] Avenirse a lo dado es la única posibilidad de
conservarse, este es el consejo para esta situación de
extrema emergencia: «Dado que uno se consumiría
demasiado rápido si reaccionara, ya no se reacciona:
esta es la lógica».[20]

La capacidad de superar crisis conlleva vulnerabilidad. La resiliencia surge en Nietzsche de una vulneración experimentada realmente, y sensibiliza a la conciencia para la predisposición básica de la existencia
humana a las crisis: las conmociones son ineludibles.
No se pueden evitar, pero sí superar.

---

17   Cf. S. Prideaux, *Ich bin Dynamit. Das Leben des Friedrich Nietzsche*,
Stuttgart, Klett-Cotta, 2020, pp. 235 ss.
18   F. Nietzsche, *Ecce homo, op. cit.*, p. 791.
19   *Ibid.*
20   *Ibid.*

De este modo, la resiliencia guarda una interesante oposición con otra forma de la fuerza de defensa: la inmunidad. El inmune es inatacable. Al inmunizado no le afectan las enfermedades ni las crisis. Si lo extrapolamos a los sistemas sociales, la inmunidad asume la forma de recios muros externos y de una rígida política de seguridad: todo cuanto amenaza con dañar al organismo es eliminado. La resiliencia, podría decirse de forma radical, es el principio democrático de la superación de las crisis, mientras que la inmunidad recuerda más bien al principio autocrático de evitar las crisis.

No hay duda de que Nietzsche no fue un pensador de la inmunidad. Más bien instaba a no lamentar, temer ni tratar de evitar ni siquiera acontecimientos terribles, sino a celebrarlos y asumirlos voluntariamente en el propio yo como cosa del destino, a «hacer que todo "fue" se transforme en un "así lo quise"»,[21] como se dice en *Así habló Zaratustra*. Es justamente esta dimensión patética, este asumir y aceptar el horror, lo que constituye el núcleo de la resiliencia nietzscheana.

Dicho de otro modo: los sistemas estáticos son inestables porque no están hechos para acontecimientos extraordinarios. Carecen de dinámica, de movilidad y de capacidad de reacción. Lo contrario a los sistemas estáticos son los sistemas antifrágiles, que están abiertos a lo que sucede. El concepto de antifragilidad fue creado por el economista Nassim Taleb y salta a la vista la enorme repercusión que tienen aquí las te-

---

21 F. Nietzsche, *Así habló Zaratustra*, en *Obras completas* IV, *op. cit.*, p. 841.

sis de Nietzsche. Los sistemas antifrágiles, dice Taleb, «sacan provecho de las conmociones; cuando quedan expuestos a condiciones inestables, azarosas y desordenadas, crecen y prosperan».[22] El momento crítico es integrado y el sistema en su totalidad se transforma: de la herida surge la fuerza.

Al mismo tiempo, según Nietzsche, a la resiliencia misma le es inherente un factor de indisponibilidad. Tener resiliencia o no, dice el pensador, no depende de uno. El prerrequisito es más bien la existencia de una «fuerza plástica», que hace capaz «de desarrollarse específicamente a partir de sí mismo, de transformar y asimilar lo pasado y lo extraño, de cicatrizar heridas, de reponer lo perdido, de regenerar formas destruidas».[23] Lo que Nietzsche consideraba una cuestión de suerte, o también un privilegio, asumirá más tarde con Sigmund Freud un rasgo antropológico: como mostraremos en el capítulo IV, Freud encuentra la base instintiva de la fuerza de defensa en la naturaleza humana.

¿SENSIBILIDAD RESILIENTE?

¿Y qué sucede con Lévinas? Para hacer el movimiento inverso, ¿hasta qué punto hay en su pensamiento un factor de resiliencia? Esto ya es más difícil. Emmanuel Lévinas estuvo preso en un campo de prisioneros y

22   N.N. Taleb, *Antifragilität. Anleitung für eine Welt, die wir nicht verstehen*, Múnich, Knaus, 2013, p. 21.
23   F. Nietzsche, *Consideraciones intempestivas, op. cit.*, p. 698.

perdió a toda su familia por culpa de los crímenes de los nacionalsocialistas. Su madre Dvora, su padre Jehiel y sus hermanos Boris y Aminadab fueron fusilados en la ciudad lituana de Kaunas.[24]

Lévinas no recomendaba el fatalismo ruso ni le era posible celebrar el horror como un azar bienvenido. Lo que Nietzsche llamaba «remedio curativo» no podría tener cabida en la obra de Lévinas, al contrario: que de la herida surge la fuerza significa desde su punto de vista seguir siendo afectable y vulnerable, para que la historia no se repita. Dicho más radicalmente: la herida no debe cerrarse. Solo tiene potencial cuando permanece abierta (véase sobre esto también las explicaciones sobre Jean Améry en el capítulo VII). La piel que sana amenazaría la vulnerabilidad, introduciría una distancia con el sufrimiento propio y el ajeno. Lo que le importaba a Lévinas era la fuerza de la pasión, no la reflexión que cavila: el rostro del otro *conmueve*. Y conmueve en un doble sentido. Interpelándonos emocionalmente, nos suscita responsabilidad, nos mueve a actuar llevados por la empatía.

Un vistazo a la historia parece darle la razón a Lévinas. ¿No fue justamente el sentimiento de compasión lo que, a comienzos de la Modernidad, provocó transformaciones decisivas? Quien quiera entender cómo la sensibilidad pudo convertirse en signo del progreso histórico de la humanidad tendrá que estudiar la literatura y la filosofía del siglo XVIII. Es hora de hacer una excursión a la época de la sentimentalidad.

---

24 Cf. S. Malka, *Emmanuel Lévinas*, Múnich, C.H. Beck, 2003, p. 91.

III. EL SIGLO DE LA EMPATÍA

ME TOO AVANT LA LETRE

Se me acercó sin notar mi turbación. «No te preocupes, no pasa nada, querida», dijo. [...] Realmente no pasaba nada con los infames propósitos de aquel que era el más inhumano de todos los hombres. [...] Cada vez me sentía peor. Tan pronto caía en la apatía como me ponía frenética y creía perder el juicio. [...] Recuerdo que suplicaba compasión. Recuerdo que le prometí casarme con él si tenía piedad de mí. Pero no hallé clemencia. Perdí las fuerzas, perdí la razón, y entonces sucedieron unas cosas, querida, unas cosas tan atroces...[1]

Esto escribe Clarissa en un carta a una tal Mrs. Howe. Un tal Lovelace la engañó para que abandonara a su familia. Luego la tuvo retenida en un burdel, la drogó con un té y después, aquella terrible noche que Clarissa narra en esa carta que acaba con elocuentes puntos

1   S. Richardson, *Clarissa Harlowe*, Zúrich, Manesse, 1966, pp. 426-428.

suspensivos, la violó. La joven no superará esa canallada. Toda fuerza vital se desvanece en su cuerpo, cuya dignidad ella había tratado de defender con tanta tenacidad.

La escena está sacada de la novela epistolar *Clarissa,* del escritor británico Samuel Richardson. La obra salió publicada entre 1747 y 1748, y fue un éxito extraordinario. En los trece años siguientes se hicieron cinco ediciones. En 1751 el libro se tradujo al francés, en 1752 al alemán, en 1755 al holandés. El destino de Clarissa conmovió fuertemente no solo a mujeres, sino también a hombres. Tanto las lectoras como los lectores sufrían con la heroína, cuyos sufrimientos se narran en sus cartas en primera persona, sin tapujos y con enorme autenticidad. Praxis literaria habitual en aquella época, el autor Samuel Richardson, como ya hiciera en *Pamela,* su primera novela epistolar, se presenta como el mero «editor» de las cartas, lo que realza aún más la apariencia de autenticidad e inmediatez de los mundos sentimentales narrados.

En su libro *Inventando los derechos humanos,*[2] la historiadora Lynn Hunt menciona claramente el grandioso logro psicológico que en aquella época se asoció con la escritura y la lectura de estas historias de sufrimientos: si hasta entonces la compasión se había restringido al círculo de los más allegados, gracias a las novelas epistolares las personas fueron capaces de empatizar con destinos muy distintos. Dicho con otras palabras: la compasión se ejerció literalmente como praxis estética y, según

2   L. Hunt, *Inventing Human Rights. A History*, Nueva York, W.W. Norton, 2007, p. 47.

la historiadora, contribuyó decisivamente al progreso de la humanidad. Aunque sin duda los libros no bastan para cambiar el mundo, sin embargo, para Hunt no es casualidad que al apogeo de las novelas epistolares le siguiera inmediatamente la declaración de la igualdad de los derechos humanos tanto en Estados Unidos (1776) como en Francia (1789). «La igualdad —escribe Hunt— no era un mero concepto abstracto ni un eslogan político. Tenía que asimilarse convirtiéndose en una moda».[3] Con el apoyo decisivo de la corriente de la literatura sentimental, se desarrolló un tipo de sentimiento que unía a todos los hombres y que —aunque en aquella época los derechos de las mujeres aún estaban muy lejos— dio un impulso decisivo a la civilización.

Es cierto que Clarissa es un personaje de ficción, que además surgió de la pluma de un hombre (sobre los límites de la empatía, véase el capítulo VII). Y sin embargo, pensando en la heroína y en las emociones que desencadenaban sus sufrimientos, ¿quién no recordará un movimiento emancipatorio que recientemente se propagó por todo el mundo? Si nos fijamos en Lovelace, ¿quién no pensará en los Harvey Weinstein de nuestra época? ¿Clarissa, una especie de *Me Too avant la lettre?* En 2017 muchas mujeres narraron en la red social Twitter sus experiencias como víctimas de violencia sexual. Tanto mujeres como hombres de todo el mundo empatizaron con las víctimas, se solidarizaron en la red y se indignaron con los acosadores.

---

3   *Ibid.*, p. 27: «Equality was not just an abstract concept or a political slogan. It had to be internalized in some fashion».

La fuerza empática de millones de personas en todo el globo provocó el derrocamiento y el apresamiento de los autores de los delitos, la denuncia pública de sospechosos y el endurecimiento del derecho penal sexual en países como Alemania y España: el derecho protege ahora a la mujer también cuando no está en condiciones de expresar su voluntad, por ejemplo si está drogada. Si la Clarissa de Richardson viviera hoy, posiblemente se habría convertido en una abanderada del *Me Too*.

¿Pero qué tipo de sentimiento es exactamente la empatía? ¿A qué se debe que las personas puedan compadecerse de destinos ajenos, ponerse en la piel de otras personas y meterse en sus mundos interiores? ¿Por qué este tipo de sensibilidad, sentirse afectado o conmovido por el sufrimiento ajeno, tiene potencial para convertirse en una propagación exponencial, por no decir en un contagio fulminante?

La filosofía del siglo XVIII estuvo fuertemente marcada por estas cuestiones. En paralelo a la literatura sentimental, se investigaron sistemáticamente la compasión y la empatía, y la relación entre sentimiento y moral pasó a ser el centro gravitatorio de innumerables obras que supusieron una especie de fibrilación como preludio de la Revolución Francesa. La moral y la ética ya no se fundamentaban en Dios sino que tenían su origen en los sentimientos de las propias personas. Este fue el descubrimiento innovador y hasta revolucionario en una época en la que la monarquía presagiaba la amenaza de su final: un pueblo que descubre la fuerza de la empatía, que se une emocionalmente más allá de las barreras estamentales y que, por tanto, siente hondamente en sí mismo la igualdad y la fraternidad, ya no aceptará ninguna fuerza separadora ni ningún poder opresor cuya única legitimidad sean la transmisión dinástica y ciertas elucubraciones trascendentes.

Solo que, como mostraremos a continuación, no por hacerse más empática la humanidad se vuelve forzosamente más humana. Empatía no equivale a progreso. Mirándolo más detenidamente, y también en retrospectiva, justo aquella fuerza que contribuyó decisivamente al progreso civilizatorio alberga un potencial destructivo. Aquí son esenciales tres relaciones: primero, la relación entre compasión y moral; segundo, la relación entre compasión y feminidad; tercero, la relación entre compasión y sadismo. Para explicar estas relaciones, investiguemos la vida y la obra de tres de los filósofos que más influencia habrían de tener en el siglo XVIII: David Hume, Jean-Jacques Rousseau y Donatien Alphonse François de Sade.

DAVID HUME Y EL CONTAGIO SENTIMENTAL

«Monsieur Hume es comparable a un arroyo puro y claro que fluye homogénea y tranquilamente».[4] Con

---

4   Cit. en D. Edmonds y J. Eidinow, *Rousseaus Hund. Zwei Philosophen, ein Streit und das Ende aller Vernunft*, Múnich, DVA, 2008, p. 29.

esas palabras describe el teólogo Friedrich Grimm a aquel pensador escocés que muchos contemporáneos elogiaron por su espíritu sereno y benevolente, mientras que otros se burlaban de él. David Hume nació en Edimburgo en 1711, en el seno de una familia calvinista estricta. Sin embargo, pronto se sumerge en un mundo totalmente distinto, cuando a la edad de doce años conoce en el instituto el empirismo de John Locke y descubre la ciencia natural de Isaac Newton. En 1725 se produce la ruptura espiritual definitiva con su procedencia profundamente religiosa y Hume estudia filosofía en contra del deseo de sus padres, a resultas de lo cual cae inicialmente en una grave crisis: el apartamiento de su familia conlleva también una ruptura con la religión, lo que en aquella época le debió de haber causado profundos conflictos psicológicos. Pero exactamente esos conflictos son el fuego que prende duraderamente el interés filosófico de Hume, que de este modo comienza a redactar, a partir de 1734, su obra en tres partes *Tratado sobre la naturaleza humana*. La base de este tratado es el estricto empirismo de Hume, según el cual nada, ni siquiera la moral, existe sin fundamento sensible, sin experiencia. Dicho con otras palabras: la moral tiene que fundamentarse en nuestra naturaleza, en nuestros sentimientos. En su tratado, Hume se plantea la tarea de entender esta fundamentación: ¿cómo es posible que podamos empatizar con otras personas?

En principio, eso sucede simplemente porque, según Hume, pese a cualquier diferencia nosotros somos todos básicamente iguales:

Ahora bien, es evidente que la naturaleza ha preservado una gran semejanza entre todas las distintas criaturas humanas, y que nos es imposible advertir en los demás una pasión o un principio cuyo paralelo no encontremos en nosotros mismos. Lo mismo ocurre en la fábrica de la mente que en la del cuerpo. Aunque las partes difieran en figura o en tamaño, su estructura y composición son en general idénticas para todos los hombres. Existe una muy notable semejanza, que se mantiene en medio de toda su variedad; y es esta semejanza la que debe contribuir en tan gran medida a hacernos partícipes de los sentimientos de los demás, y a aceptarlos con gusto y facilidad. De acuerdo con esto, vemos que allí donde existe, además de la semejanza general de nuestra naturaleza, una peculiar similitud en nuestra forma de ser, carácter, país o lenguaje, todo ello facilitará la empatía.[5]

Resumiéndolo brevemente, esto significa que sentimos lo que otros sienten porque todos somos personas. Y cuanto más compartamos en común, por ejemplo un idioma o la procedencia, tanto más fuerte será la empatía.

Este pasaje deja enseguida bien claro lo indisolublemente que se imbrican entre sí la empatía y el valor revolucionario de la igualdad. Aunque las personas se distinguen por su género, aspecto, edad, etc., sin embargo, según Hume, mantienen una afinidad esencial:

5 D. Hume, *Tratado de la naturaleza humana*, Madrid, Tecnos, 1992, pp. 440-441.

son personas. Pero entonces, justamente, la igualdad no es una magnitud abstracta y simplemente previa a toda experiencia, sino que se llega a conocer en el acto de la empatía.

¿Cómo debemos imaginarnos en concreto el proceso de la transmisión de los sentimientos? ¿Por qué siento yo lo que siente otra persona? Hume describe este proceso así:

> Cuando se infunde por simpatía una cierta afección, al principio es reconocida solamente por sus efectos y signos externos, presentes en el gesto y la conversación, y que dan una idea de esa pasión. Esta idea se convierte entonces en una impresión, adquiriendo de este modo tal grado de fuerza y vivacidad que llega a convertirse en pasión, produciendo así una emoción idéntica a la de una afección original.[6]

Eso suena complicado, pero básicamente quiere decir esto: supongamos que veo llorar a una persona; mi percepción de sus lágrimas suscita en mi cabeza la noción de la tristeza que, evidentemente, aqueja a esa persona; en el acto me hago consciente de mi afinidad fundamental con la persona afligida, de nuestra humanidad común, y mi noción se transforma inmediatamente en una «impresión», es decir, en una sensación viva. Aunque el sentimiento de tristeza no sea el mío, lo siento tan intensamente como la propia persona que se aflige. La copia no se distingue en lo más mínimo del original.

6   *Ibid.*, p. 440.

Por tanto, la empatía tiene para Hume algo de reacción directamente refleja y vírica. Compartir humanidad hace que los sentimientos, ya sean positivos o negativos, se transmitan de uno a otro, si bien, como recalca Hume, similitudes básicas como la procedencia o el género aumentan aún más el contagio. Cuanto más homogéneos sean los grupos, tanto más fuerte será la transmisión: una observación que, en vista de las actuales dinámicas digitales y de las similitudes basadas en algoritmos, sigue siendo relevante, o quizá incluso sea hoy más relevante que nunca. Teniendo en cuenta la rapidez con la que expresiones sentimentales negativas pueden propagarse por Twitter o Facebook hasta convertirse en un auténtico linchamiento digital (o la rapidez con la que expresiones sentimentales positivas pueden convertirse en respectivas oleadas de empatía), pasajes como el siguiente resultan de una sorprendente actualidad:

Ni en sí misma ni en sus consecuencias existe cualidad de la naturaleza humana más notable que la inclinación que tenemos a simpatizar con los demás, y a recibir al comunicarnos con ellos sus inclinaciones y sentimientos, por diferentes y aun contrarios que sean a los nuestros. Esto se aprecia claramente en los niños, que admiten implícitamente cualquier opinión que se les proponga. Pero no son solo los niños: hombres de gran juicio y entendimiento encuentran muy difícil seguir su propia razón e inclinaciones cuando estas se oponen a las de sus amigos y compañeros habituales. [...] El hombre de buen natural se encuentra al instante del mismo humor que sus compañeros, y aun el más arisco y orgulloso revela ciertos matices que se deben a sus compatriotas y conocidos. Un semblante jovial produce complacencia y serenidad en mi mente, mientras que otro enfadado y triste me infunde un repentino desaliento.[7]

Cuando nosotros, los contemporáneos del siglo XXI, leemos esta descripción (que también hace pensar en el descubrimiento de las «neuronas espejo» a fines del siglo XX), no es muy desatinado que pensemos en ciertas dinámicas de la red y —véase la última frase de la cita— en los emoticonos (un neologismo construido a partir de la raíz «emoción»), que se ponen en las entradas de Facebook o en los mensajes en otras plataformas digitales. A partir de Hume, las redes sociales se pueden definir directamente como máquinas de empatía.

Casi doscientos años después de la publicación del *Tratado,* el filósofo Max Scheler recogerá esta idea y, a diferencia de Hume, separará estrictamente el «contagio sentimental»[8] de la empatía y la compasión. Según Scheler, el contagio no tiene básicamente nada que ver con la sensibilidad para otros estados anímicos, sino que es puramente reactivo. «Aquí no hay una *intención* sentimental de la alegría o del sentimiento del otro ni se participa en modo alguno de lo que él experimenta, sino que lo característico del contagio es que se produ-

<del>---</del>

7   *Ibid.*, p. 439.
8   M. Scheler, *Esencia y formas de la simpatía*, Buenos Aires, Losada, 1943, p. 32.

<del>76</del>

ce exclusivamente entre *estados* sentimentales, sin presuponer de ningún modo el conocimiento de la alegría ajena».[9] Cuando uno entra en un bar o se mete en un *chat* virtual, no es que empatice con los otros, sino que se infecta de un estado de ánimo, de modo que

> se desencadena una avalancha de sentimientos respectivos: el sentimiento generado por contagio, *a su vez,* contagia por la transmisión de la expresión y por imitación, de modo que también crece el sentimiento contagioso; este a su vez vuelve a contagiar, etc. En todas las agitaciones *masivas,* también ya en la formación de la llamada «opinión pública», es especialmente esta reciprocidad del contagio que se va acumulando la que inflama el movimiento emotivo general y provoca la peculiar circunstancia de que se pueda enardecer tan fácilmente a la «masa», que pasa a actuar más allá de las intenciones de todos los individuos y se pone a hacer cosas que nadie «quiere» ni «respalda». De hecho, aquí es el propio proceso de contagio el que, por sí mismo, hace que aparezcan objetivos que rebasan las intenciones de todos los individuos.[10]

¿Pero qué se pretende insinuar con esto?, podría objetarse aquí críticamente. ¿Que la fuerza global de movimientos como *Me Too* o *Black Lives Matter* se basa en una virulencia emocional y no en la legitimidad de las

9   *Ibid.*
10   *Ibid.*, p. 33.

demandas? No, sino simplemente que, desde el punto de vista de Scheler, el contagio no es ya por sí mismo una empatía, y que a su vez la empatía —como ya advirtiera también Hume— tampoco es por sí misma una postura ética.

Echemos pues un vistazo a esa parte del *Tratado* en la que Hume se ocupa de la moral y en la que expone su relación con la empatía. Su tesis es que el entendimiento no nos puede decir si una acción es buena o mala. Lo único que nos da una indicación en ese sentido es el sentimiento que nos embarga cuando consideramos determinados actos. En palabras de Hume:

> Es preciso reconocer, en efecto, que la impresión surgida de la virtud es algo agradable, y que la procedente del vicio es desagradable. La experiencia de cada momento nos convence de ello. No existe espectáculo tan hermoso como el de una acción noble y generosa, ni otro que nos cause mayor repugnancia que el de una acción cruel y desleal.[11]

Los actos virtuosos generan sentimientos positivos, y los viciosos sentimientos negativos. ¿Acaso el efecto antes descrito de la literatura sentimental no da la razón a Hume?, podríamos preguntarnos. Al leer estas líneas del pensador escocés, ¿quién no pensará en todos los corazones que se solidarizan con Clarissa y sus almas gemelas? ¿En las lágrimas que se derramaron por su destino? ¿En el rencor que suscita el acto del vio-

---

11   D. Hume, *Tratado de la naturaleza humana, op. cit.*, pp. 635-636.

lador Lovelace? «Una buena comedia o novela puede ofrecernos ejemplos de este placer proporcionado por la virtud, igual que del dolor producido por el vicio»,[12] dice más adelante Hume.

La virtud y el vicio no son conceptos abstractos y metafísicos, que existan previamente a toda experiencia y que se limiten a mostrarse en el sentimiento que generan. Si Hume pensara así, no sería un empirista. Sino que lo que quiere decir es que la virtud y el vicio solo *existen* como experiencias. Dicho de otro modo: no son conceptos trascendentes, sino conceptos radicalmente inmanentes, que deben su existencia, antes que nada, a actos y a sentimientos humanos. Hume lo formula así:

> Tener el sentimiento de la virtud no consiste sino en sentir una satisfacción determinada al contemplar un carácter. Es el sentimiento mismo lo que constituye nuestra alabanza o admiración. No vamos más allá ni nos preguntamos por la causa de la satisfacción. No inferimos la virtud de un carácter porque este resulte agradable; por el contrario, es al sentir que agrada de un modo peculiar cuando sentimos de hecho que es virtuoso. Sucede en este caso lo mismo que en nuestros juicios relativos a toda clase de gustos, sensaciones y belleza. Nuestra aprobación se halla implícita en el placer inmediato que nos proporcionan.[13]

---

12   *Ibid.*, pp. 636.
13   *Ibid.*, pp. 636-637

Dicho de forma más sencilla: si una acción me alegra, si la apruebo, es que se trata de una acción virtuosa; si me enojo por ella, si la rechazo, es que se trata de un vicio. El sentimiento conlleva el juicio.

Sin embargo, en esta concepción de la moral se encierra una premisa cuestionable, como quizá alguno habrá intuido ya: que las descripciones de heroínas inocentes a las que se inflige sufrimiento *solo* pueden provocar en el lector sentimientos negativos, y de ningún modo sentimientos positivos ni menos aún placenteros. ¿Pero es esto cierto? Después de todo, hasta hoy existe un género que proporciona sensación de placer mostrando precisamente la opresión y el maltrato de las mujeres. Y ya existía en tiempos de Hume. El planteamiento «una mujer inocente es maltratada por un vicioso carente de escrúpulos» no solo fue en el siglo xviii tema de novelas sentimentales, sino también el principio central de la función de la pornografía. Y sigue siendo cuestionable si siempre se puede distinguir tan claramente una cosa de otra. Piénsese en la novela de John Cleland *Fanny Hill,* que a mediados del siglo xviii provocó un escándalo, o en los atroces sufrimientos de la virtuosa Justine en la obra del Marqués de Sade. Más adelante hablaremos de eso.

Pero antes ocupémonos de un pensador que no solo conoció personalmente a Hume, sino cuya teoría de la empatía está elaborada de tal modo que elude hábilmente la premisa problemática de Hume: cuando un hombre siente placer por el vicio o la violencia —y, al fin y al cabo, eso es algo que de hecho sucede—, para

Jean-Jacques Rousseau eso no es más que una nueva prueba de que el hombre civilizado ha perdido irremisiblemente la brújula interior y natural de los sentimientos. Y cuando Rousseau escribe sobre el hombre degenerado por la civilización, casi siempre está pensando en varones. Varones como por ejemplo David Hume, de quien Rousseau desconfiaba profundamente, lo que finalmente acabó provocando la ruptura definitiva de la relación. Veremos que con las mujeres sucede de modo distinto: según Rousseau son seres inocentes, recatados y sensibles, y por eso están más cerca de la naturaleza (buena) y también de sus sentimientos. El estudio de Rousseau permite desvelar por tanto una nueva dimensión, sumamente ambivalente, de la empatía: su asociación a la feminidad. Formulándolo más radicalmente: cuando nuestra época actual cosifica la masculinidad como un peligro tóxico, mientras que al mismo tiempo asocia la feminidad con la empatía, se basa sin saberlo en un presupuesto básico central del pensamiento de Rousseau.

LA FEMINIZACIÓN ROUSSONIANA DE LA MORAL

Rousseau nace en 1712 en Ginebra, siendo el menor de dos hijos. Su padre, Isaac, es relojero. Su madre, una calvinista llamada Suzanne, muere nueve días después del parto de Jean-Jacques de fiebre puerperal. Una pérdida que marcará profundamente al sensible Rousseau: las mujeres importantes que hubo en su vida también serán siempre para él madres y protectoras en un mundo hostil y construido en clave masculina, marcado por la competencia y la envidia. Su compañera sentimental y posterior esposa, Thérèse Levasseur, una sencilla lavandera, traerá cinco hijos al mundo. Rousseau los llevará a todos a un orfanato, sin apuntarse siquiera el número de registro: una falta de sensibilidad que —así lo ven al menos muchos de sus allegados— contradice totalmente la filosofía rousseauniana de la empatía. ¿O acaso en la resolución con la que lleva a sus hijos al orfanato contra el deseo expreso de la madre se muestran, incluso de manera acentuada, los celos de Rousseau, que le impiden compartir con competidores a la mujer que él ha escogido?

Entre las numerosas figuras maternales que encontramos en la vida de Rousseau está también una de sus mecenas: la escritora Madame Louise d'Épinay, que en 1756 le da la posibilidad de instalarse en una ermita en la pequeña comunidad de Montmorency, a unos kilómetros al norte de Moloch, en París. El retiro le sienta de maravilla a Rousseau, que en su recién publicada obra *Discurso sobre el origen y los fundamentos de la desigualdad entre los hombres* (1755) ya había criticado a fondo los presuntos atractivos de la civilización y los efectos alienantes de la gran ciudad. En esa obra esboza un estado natural del hombre en el que nuestro género todavía está en armonía consigo mismo, es decir, con sus sentimientos. En el centro está la compasión, que según Rousseau «precede al uso de cualquier reflexión».[14] La compasión,

---

14   J.J. Rousseau, *Discurso sobre el origen y los fundamentos de la desigualdad entre los hombres*, Barcelona, Península, 1973, p. 61.

explica el pensador, nos une a las fieras, pues tanto ellas como nosotros somos seres sentimentales («Un animal no pasa sin inquietud junto a un cuerpo muerto de su especie»).[15] Es más, este sentimiento es tan puro y tan básico que ni siquiera «las costumbres más depravadas» pueden destruirlo, «puesto que en nuestros espectáculos vemos a diario gente enterneciéndose y llorando ante las desgracias de un desventurado».[16]

Hasta aquí Rousseau parece estar totalmente de acuerdo con David Hume. Tampoco para el suizo, que es un amante de la naturaleza, la moral es un producto del entendimiento, el resultado de unos esfuerzos reflexivos, ni menos aún se fundamenta en una metafísica. Sino que la capacidad de empatizar con otras criaturas es lo que definitivamente nos impulsa al bien, que es propio tanto de las personas como de los animales en cuanto que seres naturales. Rousseau escribe:

[La compasión] inspira a todos los hombres, en lugar de la sublime máxima de justicia razonada «pórtate con los demás como quieres que ellos se porten contigo», esta otra de bondad natural, acaso menos perfecta, pero mucho más útil que la anterior: Haz tu bien con el menor daño posible para el prójimo.[17]

El núcleo de la conciencia moral no es el cerebral imperativo categórico de Kant, sino el sentimiento na-

---

15   *Ibid.*
16   *Ibid.*
17   *Ibid.*, p. 63.

tural de compasión, que convierte al hombre en un ser moral. «Haz tu bien con el menor daño posible para el prójimo»: el término que Rousseau introduce en su obra para definir este tipo de preocupación por sí mismo es *amour de soi*. En castellano se traduciría como «amor a sí mismo». Amarse a sí mismo no tiene aquí un sentido narcisista, sino al contrario: el amor a sí mismo es para Rousseau la condición básica para que una persona pueda dirigir sus emociones positivamente a otros. «Es muy natural que, quien se ama a sí mismo, tenga un carácter expansivo y trate de compartir sus alegrías, y que mediante apego quiera apropiarse de aquello de lo que siente que es un bien para él»,[18] pone rotundamente en una obra muy posterior del filósofo titulada *Rousseau juzga a Jean-Jacques,* en la que él diferencia claramente esta «sensibilidad» moral activa *(sensibilité)* de la sensibilidad puramente pasiva del cuerpo:

> Hay una sensibilidad física y orgánica que, siendo puramente pasiva, no parece tener otra finalidad que la conservación de nuestro cuerpo y la conservación de nuestra especie mediante los actos que nos causan placer y dolor. Pero hay otra sensibilidad, que yo llamo activa y moral, y que no es otra cosa que la capacidad de apegarnos sentimentalmente a seres que nos son ajenos.[19]

18   J.J. Rousseau, *Rousseau richtet über Jean-Jacques,* en *Schriften,* vol. 2, Frankfurt del Meno, S. Fischer, 1988, pp. 253-636; aquí: p. 420.
19   *Ibid.*

Solo que —y con esto llegamos a la acerba crítica a la civilización que hace Rousseau— el amor a sí mismo, como condición básica del apego empático, realmente puede degenerar o atrofiarse, lo que se muestra sintomáticamente en que «se reprimen o se atajan los sentimientos por otros».[20] ¿A qué se debe esto? A unas reflexiones instrumentales que resultan de la competencia dañina (y masculina) con otros y que convierten el amor a sí mismo en un «amor propio» *(amour propre)* egoísta. El amor propio es el infierno de la comparación: un efecto secundario de la civilización, que tanto odiaba Rousseau, en la que nos vemos obligados a competir con otros, a aspirar a la estima y el reconocimiento. Tan pronto como el amor a sí mismo, como dice literalmente Rousseau,

> degenera en amor propio y se vuelve comparativo, engendra la sensibilidad negativa, pues en cuanto uno se acostumbra a compararse con otros […] es imposible no aborrecer todo lo que nos supera, todo lo que nos humilla, todo lo que nos constriñe, todo lo que, por el hecho de ser algo, nos impide serlo todo.[21]

El amor propio, que es típico de la civilización, se opone diametralmente a la compasión natural y a la medida sana de amor a sí mismo; es la quintaesencia de la alienación civilizatoria.

20 *Ibid.*
21 *Ibid.*, pp. 420 s.

Sintetizando: donde otros creen ver progreso, Rousseau solo percibe degeneración. Si Rousseau viviera hoy, posiblemente encontraría sus ideas más que confirmadas en los principios de las economías contemporáneas de la atención: discursos de odio digitales, índices de clics, estar pendiente de los *likes*... ¿qué manda en todo esto sino el frío e instrumental amor propio?

Dicho brevemente: desde la filosofía de Rousseau no se puede apreciar que la historia de la humanidad haya sido una historia del progreso, en el sentido de una sensibilización creciente. De este modo, el pensador opina exactamente lo contrario que Norbert Elias en su obra *El proceso de la civilización,* que abordamos en el primer capítulo de este libro. Como hemos visto, para los sociólogos del siglo xx la sensibilidad y la moralidad son, mirándolas retrospectivamente, el efecto de un desarrollo histórico a lo largo del cual los caballeros sin escrúpulos se convirtieron en exquisitos nobles cortesanos. Sin embargo, para el testigo de su época que fue Rousseau, estos cortesanos no son sensibles, sino vanidosos, fácilmente afectables y enfermizos, y sobre todo individuos pendientes de su sentimiento de honor, que nada tiene que ver con la sensibilidad verdadera, auténtica y natural tal como se la imagina Rousseau.

¿Está irremisiblemente depravado el mundo civilizado, en el que impera la ley masculina de la competencia? Bueno, casi. Después de todo, también existe la bondadosísima lavandera Thérèse, la fiel compañera de

Rousseau, que en su sencillez es quien más cerca está de aquella empatía ingenua y natural del salvaje que, por culpa de la civilización, ya se ha perdido. Y también hay otra mujer de clase alta llamada Julia: «Parece que las pasiones humanas sean algo demasiado bajo para un alma tan sublime como la suya, y su belleza angelical es tan elevada como su angelical pureza», escribe Rousseau en su novela epistolar *Julia, o la nueva Eloísa*. «¡Oh, pureza que venero balbuciente! [...] en las perfecciones de su alma se apagan todos los deseos que encienden sus encantos».[22]

Rousseau escribe *Julia* en el apacible retiro de Montmorency. La novela sale publicada en 1761 y le da fama internacional. Inspirada sobre todo en *Clarissa* de Richardson (Rousseau había leído el libro con entusiasmo), la novela narra en cartas la historia amorosa de la buena y empática Julia d'Étrange y del burgués Saint-Preux, su preceptor, de cuya pluma salen las líneas antes citadas. La relación entre dos personas de distintas clases sociales no tiene ninguna posibilidad de prosperar, de modo que, con el consentimiento de su amado, Julia se casa con Monsieur de Wolmar. Sin embargo, Saint-Preux cae en una profunda crisis, para aliviar sus penas hace un viaje por el mundo, medita suicidarse, escribe a Julia cartas desesperadas... y al final se integra en la dicha conyugal de Julia como una especie de amigo de la familia. De este modo, la bondadosa

22   J.J. Rousseau, *Julia o la Nueva Heloisa*, Barcelona, Francisco Oliva, 1836, pp. 12-13.

Julia se convierte en el centro de una pequeña comuna campestre perfecta, en la que no hay competencia ni narcisismo, sino solo pura empatía en una convivencia bienintencionada, en la que cada uno encuentra su sitio. No obstante, como ya le había sucedido a la Clarissa de Richardson, al final Julia muere: cuando trata de salvar a su hijo, que se está ahogando, ella enferma y acaba muriendo. Si Rousseau sublimó aquí el trauma de su nacimiento es ya pura especulación.

Julia fue en su época un éxito de ventas, y convirtió a Rousseau en una estrella indiscutible y en un «super-contagiador» de la sentimentalidad: se hacen setenta ediciones de la novela y, entre edición y edición, el libro se agota constantemente, de modo que los libreros empiezan a prestarlo por horas. Tanto las lectoras como los lectores quedan profundamente conmovidos, incluso rudos oficiales del ejército tienen que sacarse el pañuelo. Uno de ellos, un cierto Louis François, le comunica al autor que nunca antes había llorado tan «dulces lágrimas» como por el fallecimiento de la bondadosa mujer.[23]

Julia: el alma perfecta. La quintaesencia de la virtud. El amor a sí mismo personificado. Sí, no hay duda de que la mujer de clase alta es educada para todo tipo de aderezos y mascaradas; y sin embargo, a diferencia de los hombres, que agotan sus fuerzas en las luchas de competencia y «se disputan cada día sus amores a costa de su

---

23   Cf. L. Hunt, *Inventing Human Rights. A History*, *op. cit.*, p. 48: «Never have I wept such delicious tears» (traducción de la autora).

sangre»,[24] la mujer está más cerca de las raíces naturales. La mujer como la antiintelectual y la donante de vida que nutre, asiste y se compadece representa para Rousseau el bien. «Se prenda sentimentalmente» de otros y se preocupa de su bienestar. Desconoce el amor propio y las luchas de competencia.

¿Son las mujeres las personas más morales? ¿Poseen las virtudes tradicionalmente femeninas, como el miramiento y la preocupación —piénsese en los empleos de cuidado, en las labores asistenciales (que casi siempre asumen las mujeres)— un valor moral superior a la competencia, que es tradicionalmente masculina? ¿Es la masculinidad tóxica y la feminidad buena por naturaleza? Quien así lo crea tiene asumido muy hondamente el pensamiento de Rousseau. Es más, en vista de la actualidad, el solapamiento prerromántico de feminidad y naturaleza parece directamente profético. Al fin y al cabo, hoy son mujeres jóvenes las que movilizan por todo el mundo a la gente contra el cambio climático, contra la maximización del éxito mediante la competencia a expensas de la naturaleza. ¿Son Greta Thunberg y Luisa Neubauer las Julias del siglo XXI?

Eso es, desde luego, una exageración provocadora. Las activistas del siglo XXI no se deshacen de ingenua bondad, como la heroína de Rousseau. Y, sin embargo, llama la atención hasta qué punto nuestra época está marcada por la línea de conflicto «feminidad buena contra masculinidad perversa». Otro ejemplo:

24 J.J. Rousseau, *Discurso sobre el origen y los fundamentos de la desigualdad entre los hombres, op. cit.*, p. 64.

las protestas en Bielorrusia. Tras el fraude electoral de Alexander Lukashenko en agosto de 2020, ¿quiénes impulsaron y mantuvieron las protestas en todo el país? Mujeres. María Kolésnikova, Verónica Tsepkalo y Svetlana Tikhanovskaya, las activistas y los rostros femeninos más famosos de la resistencia, encarnan la imagen directamente opuesta al potentado despótico masculino, exactamente igual que todas aquellas mujeres que, en los momentos álgidos de las protestas, se manifestaban en las calles vestidas de blanco y portando flores para, de forma visiblemente pacífica, poner coto a la autocracia. Constantemente se interponían entre las fuerzas de seguridad y los manifestantes, separaban a los violentos, impedían escaladas que parecían inminentes. Como ya decía Rousseau: «Durante los motines, durante las querellas callejeras, el populacho acude, el hombre prudente se aleja; [...] son las mujeres del mercado quienes separan a los combatientes e impiden que las gentes honestas se degüellen entre sí».[25]

Aquí no se trata de restar importancia a los logros de las mujeres que acabamos de mencionar ni a las virtudes tradicionalmente femeninas como la asistencia. Todo lo contrario. Pero hay que ser consciente de que una glorificación de la mujer como ser moralmente superior por naturaleza y su asociación con el bien no solo son existencialmente constrictivas, sino que están marcadas por mentalidades patriarcales.

25   *Ibid.*, p. 63.

Placer, apetitos, competencia: cosas de hombres. Por eso afirma inequívocamente Rousseau en su famosa obra didáctica *Emilio,* publicada tan solo un año después que *Julia,* que una mujer que lleva una vida sexual libertina ha roto «todos los vínculos con la naturaleza».[26] La mujer con apetitos es una mujer a quien la civilización ha alienado de su naturaleza. Es significativo que esta última observación aparezca en una obra en la que Rousseau se ocupa sobre todo de la educación del niño, que hay que mantener apartado de las influencias de la civilización. La mujer pudorosa y recatada y el niño cuyas predisposiciones buenas y naturales solo pueden prosperar adecuadamente en el campo coinciden —podría decirse— en su negativa a los atractivos y a la seducción. La negativa es signo de autenticidad e inocencia y constituye el núcleo de la «educación negativa», tal como la describe el pensador en *Emilio.*

A partir de esto, es un fenómeno de doble filo que una negativa se convirtiera recientemente en el eslogan de un movimiento feminista. *#Noesno* era el nombre de la campaña contra la violencia masculina que contribuyó decisivamente a que en 2016 se reformara en Alemania la ley de violencia de género: cuando una mujer dice no, o da a entender que quiere decirlo, es que está diciendo no. Es delictivo ignorar el no.

No hay duda de que el lado positivo del no radica en la autodeterminación femenina, expresada inque-

26   J.J. Rousseau, *Emilio, o de la educación*, Madrid, Alianza Editorial, 1990, pp. 489 ss.

brantablemente en ese no. La mujer que dice no es autónoma, y no un espejo del deseo masculino. Pero desde Rousseau el no aparece bajo un aspecto totalmente distinto: en el «no» feminista también puede estar hablando una tradición filosófica que equipara la feminidad con la inocencia y que exige a las mujeres moderación sexual: «La boca siempre dice y debe decir no»,[27] escribe Rousseau refiriéndose a la mujer.

Aquí el deseo (masculino), ahí la (femenina) «perfección del alma»: es esta clara división en mero atractivo corporal y empatía virtuosa la que resulta problemática desde un punto de vista feminista. En esta cosmovisión, una mujer que compite y desea aparece forzosamente como enferma, incluso como degenerada.

Dicho radicalmente: la bondad de la mujer se convierte en su prisión, y nadie ha sacado más provecho y más placer de ello que un tal Donatien Alphonse François de Sade. El famoso pornósofo invierte los parámetros básicos de la sentimentalidad: la violencia, y precisamente la ejercida contra mujeres virtuosas, no es repulsiva por naturaleza. Al contrario: según Sade, es el origen del placer. Con este hallazgo, que Sade plasmó literariamente de forma radical, el francés desvela sin piedad el vacío que deja la Modernidad, y por qué a partir de ahí las teorías ilustradas sobre la empatía resultan insostenibles: «Las doctrinas morales de la Ilustración ponen de manifiesto el desesperado intento de encontrar, en sustitución de la religión debilitada, una razón intelectual para sostenerse en la sociedad cuando

27 *Ibid.*, p. 522.

falla el interés»,[28] escriben Max Horkheimer y Theodor W. Adorno en su *Dialéctica de la Ilustración* refiriéndose a Sade. El francés refuta también las bases de la filosofía moral de Hume y de Rousseau: en el impío universo de los libertinos, la compasión adquiere un carácter totalmente sádico.

SENTIMENTALIDAD CON SADE

«Sin duda muchos de todos los extravíos que vas a ver pintados te desagradarán, lo sabemos, pero habrá algunos que te harán calentar hasta el punto de costarte semen, y eso es todo lo que nos hace falta».[29] Esto escribe Sade en 1785, en vísperas de la Revolución Francesa, en su celda de la Bastilla en París. Sade escribe en poquísimo tiempo el manuscrito titulado *Las ciento veinte jornadas de Sodoma o la escuela de libertinaje*. Las líneas parecen fluir solas de su pluma, y cuando la obra está terminada el autor la esconde entre los sillares de su celda. Durante la toma de la Bastilla desaparecieron los papeles. No se redescubrirán hasta mucho después, y saldrán publicados en 1904.

Sade, que venía de una familia noble y muy reputada, ya había estado antes en la cárcel. Una muchacha de veinticuatro años lo había denunciado a la policía en otoño de 1763. La prostituta Jeanne Testard relata en

28   M. Horkheimer y T.W. Adorno, *Dialéctica de la Ilustración*, Madrid, Trotta, 1994, p. 133.
29   D.A.F. de Sade, *Las 120 jornadas de Sodoma o la escuela del libertinaje*, Madrid, Akal, 2004, p. 61.

comisaría que un hombre delgado y rubio la mandó llevar a su casa, tras lo cual acerrojó la puerta y la metió en una auténtica sala de torturas: varas de abedul, tenazas con puntas de metal que se pueden calentar al fuego y todo tipo de aterradores aparatos estaban ya preparados. La muchacha explica que de milagro pudo liberarse a tiempo y escapar.[30]

Menos suerte tendrán después otras muchas mujeres. El caso de Rose Keller se complicará mucho para Sade. En muchos detalles resulta sorprendentemente actual. Rose, una joven alemana, describe los sucesos así: Sade la ha atraído hasta su casa con el pretexto de que está buscando una criada. Pero en cuanto la puerta se cerró, de pronto él le ordenó desnudarse, pues de lo contrario la mataría y enterraría en el jardín. Sade, que solo vestía un sayo sin mangas, una especie de albornoz, la encadenó después a la cama y la golpeó con un látigo y con un bastón, incluso le hizo cortes con un cuchillo, y después vertió lacre y brandy en sus heridas.

Sade dio otra versión: cuando le interrogó la policía, respondió firme e imperturbablemente que la muchacha sabía lo que le aguardaba y que acudió voluntariamente. Sintiendo mucho placer se tumbó boca abajo en la cama y mandó que la golpearan un poco con un látigo de nudos (y no con una vara de abedul). Lo del cuchillo y el lacre es mentira. Después él no hizo más que untarla con un poco de pomada.

30   D. Thomas, *Marquis de Sade. Die große Biographie*, Múnich, Blanvalet, 1976, pp. 52 ss.

Al final se acuerda una indemnización. Rose Keller recibe dos mil cuatrocientas libras, pero desde entonces las autoridades no le quitan el ojo de encima a Sade. Siguen nuevas aventuras, hay mujeres que dicen haber sido drogadas y maltratadas, obligadas al coito anal tras haber sido narcotizadas. En 1777 el marqués es encarcelado finalmente durante siete años en Vincennes, y tras un intento de huida es trasladado a la Bastilla, donde permanecerá hasta 1789. Pero este tiempo de reclusión será literariamente el más productivo: además de *Las ciento veinte jornadas de Sodoma* escribirá también las primeras versiones de su monumental obra pornosófica en diez volúmenes *Justine y Juliette*.

La novela, publicada por primera vez en 1797 en Holanda, narra las aventuras de dos hermanas que, tras la muerte de sus adinerados padres, se quedan solas. No podrían ser más distintas una de otra. Juliette (según los biógrafos, un personaje creado a imagen de la cuñada de Sade, por la que él sentía fuerte atracción sexual) solo actúa movida por su placer, por el que es capaz incluso de asesinar. Justine, por el contrario, es la encarnación de la inocencia pura, una especie de réplica de la Julia de Rousseau y de la Clarissa de Richardson, que, cuando las hermanas siguen ya caminos separados, es maltratada, golpeada y violada por libertinos sin escrúpulos. Lo que los novelistas de la sentimentalidad ocultan bajo el velo de silencio, Sade lo describe con toda minuciosidad. El resultado apenas se distingue de la actual pornografía dura de *gang bang*:

Se forma un círculo; está formado por seis monjes, cada uno de los cuales está rodeado de dos niñas y un niño; Justine se coloca en el medio [...]. Ella se acerca a Severino, que estaba manoseando las nalgas de la quinceañera, a quien también toqueteaba el pequeño lascivo; mientras tanto, Severino obligaba a la mujer de treinta años a lamer el pene del muchacho. El monje obliga a Justine a que le haga lo mismo, mientras le pasa la lengua por el ano. Luego ella cambia a Clément, que disfruta dándole palmadas en las nalgas a la de veinticinco años y pellizcándoselas a la veinteañera, mientras su lascivo muchacho le masturba; Justine pone las nalgas, Clément se las besa y le olisquea las axilas.[31]

Con el relato de escenas como esta, Sade aborda y lleva al absurdo algo que en su época se daba popularmente por supuesto: que la violencia solo puede suscitar repulsión y compasión. ¿Cómo era aquello de la *Julia* de Rousseau? ¿Que el oficial había vertido «dulces lágrimas» durante la lectura? En fin. Podría ser. Más o menos.

Sade es lo que comúnmente se denomina un «perverso». Pero en un sentido totalmente literal. La palabra latina *perversus* significa invertido, vuelto al revés: llevando al extremo los abismos del alma humana y excitándolos para que se muestren, Sade invierte las certezas y las convierte en su opuesto. ¿Solo las acciones buenas conducen a la felicidad (Hume)? ¿Es

31   D.A.F. de Sade, *Justine o los infortunios de la virtud*, Madrid, Cátedra, 2004, p. 181 [texto parcialmente omitido en esta edición].

preferible la perfección del alma a los apetitos sexuales (Rousseau)? Pues bien, esto pone Sade en boca de uno de sus libertinos:

> Si el hombre descubriera sus auténticos intereses en el goce, ahorraría a su corazón esa cruel fiebre que lo quema y lo seca; si pudiera convencerse de que no hace falta ser amado para gozar bien, y que el amor es pernicioso para los arrebatos del goce, renunciaría a esa metafísica del sentimiento que lo ciega, se limitaría al simple goce de los cuerpos, conocería la felicidad de verdad y se ahorraría para siempre la pena inseparable de su peligrosa delicadeza.[32]

Con estas palabras Sade hurga profundamente en la llaga de la Modernidad. Si la moral y las costumbres ya no se fundamentan originalmente en Dios, ¿qué debería impulsar a los hombres a hacer buenas acciones, de las que ellos no sacan ningún provecho —por ejemplo, al final de la novela Justine muere alcanzada por un rayo—, y que incluso los hacen ser tanto más profundamente desgraciados?

Una opinión que Juliette, la hermana de Justine, encarna con todas las fibras de su ser, cuando consagra por entero su existencia al placer por el mal. Ella viola y tortura como los hombres, incluso su eyaculación no desmerece en nada a la de sus libertinos camaradas. Juliette: una mujer totalmente fálica y, dicho sea

---

32 *Id.*, *Juliette o Las prosperidades del vicio*, Madrid, Cátedra, 2022, p. 500.

malévolamente, infinitamente más emancipada que su ingenua y sumisa hermana.

Resumiendo, en la obra de Sade se muestra que la empatía no siempre viene acompañada de buenas intenciones. Al contario, el materialista radical lleva al extremo lo directamente opuesto: uno solo empatiza intensamente para poder atormentar con mucha mayor eficacia. «En la función de la empatía, el cruel siente plenamente el dolor o el sufrimiento que causa», escribirá más adelante Max Scheler. Se alegra precisamente de los «tormentos» y de la tortura de su víctima. «Al sentir lo mismo que el otro, siente que aumenta el dolor o el sufrimiento de la víctima, y entonces aumenta también su placer original y el disfrute del dolor ajeno».[33]

¿NIVEL SUPERIOR DE LA CIVILIZACIÓN?

Dejemos el siglo de las lágrimas. El objetivo principal de este capítulo era desvelar los abismos y los reversos de la sentimentalidad moderna, pues solo así se puede ver por qué y hasta qué punto la empatía, que nuevamente vuelve a estar tan valorada en nuestra época, conlleva también, pese a todo su progresismo, un potencial problemático. Es conveniente e importante ser conscientes del sufrimiento de las víctimas para acompañarlas en su dolor. Solo así se reconoce la injusticia sufrida. Solo así hay posibilidad de hacer justicia. Y, sin embargo, la mera sensación no es por sí misma una

33   M. Scheler, *Esencia y formas de la simpatía, op. cit.*, p. 31.

moral. Nada nos puede exonerar de la necesidad del juicio y del distanciamiento que todo juicio requiere, pues no todo aquello con lo que podemos empatizar merece solidaridad y reconocimiento.

En el propio sentimiento de empatía se encierran profundos abismos. Su lado oscuro es la sensación de placer que puede proporcionar el sufrimiento ajeno. Este lado se muestra también cuando se mantiene atrapadas a las personas en su papel de víctimas. Por ejemplo, cuando asumiendo un papel paternalista uno habla por otros, los protege y decide en lugar de ellos cuáles son los conceptos que los discriminan. O cuando se reduce a las mujeres a seres desvalidos.

El lado oscuro de la empatía se revela también en la violencia que es capaz de provocar. Los contagios sentimentales enardecen y movilizan a la masa… tanto para lo bueno como para lo malo.

En este sentido, es dudosa la tesis del biólogo evolucionista Steven Pinker de que «en el curso de la historia la violencia se ha reducido realmente».[34] Después de todo, las pasiones destructivas de las personas no desaparecen sin más, sino que se transforman en un sadismo empático que asume formas cada vez más sutiles, como por ejemplo —escribe Fritz Breithaupt— «los castigos y otras muchas formas de conducta que por desgracia son cotidianas, como la humillación, la degradación o la ridiculización».[35]

---

34 S. Pinker, *Gewalt. Eine neue Geschichte der Menschheit*, Frankfurt del Meno, Fisher, 2011, p. 12.

35 F. Breithaupt, *Die dunklen Seiten der Empathie*, Berlín, Suhrkamp, 2019, p. 23.

La glorificación de la empatía conlleva otro problema, que será el tema de los dos capítulos siguientes. El hombre como ser genérico se priva a sí mismo de importantes potenciales de autoprotección y de defensa si rechaza la ambivalencia de los sentimientos. Concretando más: ¿y si el secreto de la resiliencia humana radicara en un impulso vital arcaico? ¿En una fuerza motriz inconsciente que es una reminiscencia de la prehistoria humana y que, en los momentos de máxima impotencia, combate la amenaza de destrucción?

Demos un salto y situémonos en el año 1915. Hace pocos meses ha estallado la Primera Guerra Mundial, que costará la vida de veinte millones de personas. Sigmund Freud, el padre del psicoanálisis, tiene en estos momentos casi sesenta años, vive en Viena y bajo la impresión de los conmocionantes acontecimientos escribe dos ensayos que saldrán publicados con el título *De guerra y muerte. Temas de actualidad.* Un alemán mucho más joven, de diecinueve años, está luchando en el frente de Francia. Su nombre: Ernst Jünger.

IV. LA VIOLENCIA EN NOSOTROS

FREUD Y LO PRIMITIVO IMPERECEDERO

«La guerra, en la que no queríamos creer, ha estallado ahora y ha traído consigo… la desilusión. No solo es más sangrienta y devastadora que cualquiera de las guerras anteriores, y ello a causa de las poderosas y perfeccionadas armas ofensivas y defensivas, sino que es por lo menos tan cruel, tan encarnizada y tan inmisericorde como ellas».[1] Esto escribe Sigmund Freud unos meses después del comienzo de la guerra, preguntándose qué explicación hay para el entusiasmo de la masa por la guerra y para la «brutalidad en la conducta de individuos».[2] ¿Cómo es posible que logros como el derecho internacional de pronto ya no valgan nada? ¿Por qué el progreso civilizatorio en cuanto tal, que después de todo se supone que «erradica las malas inclinaciones» y que «bajo la influencia de la educación y del medio cultural las sustituye por inclinacio-

---

1 S. Freud, «De guerra y muerte. Temas de actualidad (1915)», en *Obras completas. Volumen 14*, Buenos Aires, Amorrortu, 1992, p. 280.
2 *Ibid.*, p. 282.

nes a hacer el bien»,[3] permite tal guerra? La respuesta de Freud dice: precisamente porque no es cierta sin más la hipótesis de que el hombre ha conseguido un nivel superior de moralidad. En realidad se trata de un grave «engaño», cuyos efectos quizá sigan aún presentes en la actualidad, por ejemplo en la crítica al llamado «hombre bueno». «En realidad —escribe Freud sin dejar lugar a dudas— no hay "erradicación" alguna de la maldad. La investigación psicológica —en concreto la psicoanalítica— muestra más bien que la esencia más profunda del hombre consiste en mociones pulsionales; de naturaleza elemental, ellas son del mismo tipo en todos los hombres y tienen por meta la satisfacción de ciertas necesidades originarias».[4] Estas pulsiones «egoístas» y «crueles» no serían en sí mismas buenas ni malas, sino que «la sociedad las proscribe como malas».[5] Por este motivo se revelan preferentemente en los sueños, cuando «nos despojamos, como si fuera una vestidura, de esa moralidad nuestra que con tanto trabajo hemos adquirido».[6]

Ahora bien, el problema estragador no radica para Freud en la valoración negativa de nuestras «inclinaciones pulsionales» en cuanto tales —¿de qué otro modo habría de surgir la cultura?— sino en que no se ve ni se reconoce la «ambivalencia sentimental»[7] que aún es inherente también al hombre moderno. Freud

3   *Ibid.*
4   *Ibid.*, pp. 282-283.
5   *Ibid.*, p. 283.
6   *Ibid.*, p. 287.
7   *Ibid.*, p. 283.

había observado en su trabajo que, por lo general, «el amor y el odio intensos» se dan juntos en la misma persona, y que lo importante es tratar las dimensiones personales que uno se empeña en no ver, así como poder dominar, traducir y amortiguar las inclinaciones pulsionales del hombre.

Tanto más fatal es para Freud que la «sociedad cultural, que promueve las acciones buenas sin preocuparse de sus bases pulsionales»,[8] se esfuerce incluso en «imprimir la máxima tensión posible a los requerimientos éticos».[9] Con ello no solo se explicarían las numerosas patologías neuróticas sino que —y con esto regresamos a la guerra— se educaría a las personas para una pura obediencia cultural, que es extremadamente frágil. Por tanto, desde el punto de vista de Freud, la guerra supone una ocasión propicia para dar rienda suelta a las pulsiones que con tanto esfuerzo se han reprimido: «Siempre que la comunidad suprime el reproche, cesa también la sofocación de los malos apetitos, y los hombres cometen actos de crueldad, de perfidia, de traición y de rudeza que se habían creído incompatibles con su nivel cultural».[10] Esta «involución» del nivel cultural, esta «regresión», puede llegar al extremo de que ese nivel ya nunca se vuelva a alcanzar del todo. Por el contrario, lo único que siempre se puede restablecer son «los estados primitivos» de brutalidad inconcebible: «lo anímico primitivo es imperecedero en el sentido más pleno».[11]

8 *Ibid.*, p. 285.
9 *Ibid.*
10 *Ibid.*, p. 282.
11 *Ibid.*, p. 287.

Pero, según Freud, la matanza desinhibida no es lo único que se puede explicar a partir de esta presencia de lo primitivo. También el heroísmo, el enfrentarse a la muerte, a la que en condiciones normales las personas tienen un miedo tan profundo, tiene su origen en lo primitivo, según Freud. Él explica que el hombre primitivo desconocía la angustia mortal causada por la conciencia de culpa. Ni siquiera la muerte de allegados le importaba demasiado, porque —mucho más de lo que a nosotros nos sucede hoy— también en ellos veía a desconocidos, incluso a enemigos. Esta prehistoria sigue perviviendo hasta hoy en el inconsciente, y por eso, tal como concluye Freud, nuestro inconsciente se comporta ante la muerte «casi igual que el hombre primitivo»: «Por tanto, nuestro inconsciente no cree en la muerte propia, se comporta como si fuera inmortal».[12] En consecuencia, para Freud el heroísmo no tiene tanto que ver con ideales abstractos como con el hombre primitivo que llevamos dentro: «Pero opino que más frecuente ha de ser el heroísmo instintivo e impulsivo que prescinde de cualquier motivación de esa índole y sencillamente arrostra el peligro».[13]

Freud jamás habría aprobado la guerra. Al contrario, su tratado surgió de un sentimiento de profunda conmoción. Y, sin embargo, se da cuenta de que en el enfrentamiento a la muerte se encierra una fuerza. Para Freud, como se mostrará en el capítulo siguiente, lo

12   *Ibid.*, p. 297.
13   *Ibid.*, p. 298.

arcaico que llevamos dentro está profundamente vinculado con la fuerza de resiliencia.

Además —escribe Freud—, en la guerra se expresa un cierto sentido de la realidad. En la guerra no se reprime la muerte, sino que se reconoce como una posibilidad real. Eso está asociado con una intensidad existencial que perdemos cuando nos tomamos la vida demasiado en serio: «La vida se empobrece, pierde interés, cuando la máxima apuesta en el juego de la vida, que es la vida misma, no puede arriesgarse. Se vuelve tan insípida e insustancial como un *flirt* norteamericano, en el que de antemano se ha establecido que nada puede suceder».[14] Pero más peso que esta insipidez de la vida parece tener para Freud la ilusoria lejanía de la muerte en la que vive el hombre culturizado. Quien reprime la muerte y se somete al miedo a ella —explica Freud en su tratado— desconoce de dónde viene y qué historia seguimos llevando dentro hasta hoy:

> ¿No deberíamos admitir que con nuestra actitud cultural hacia la muerte hemos vivido de nuevo psicológicamente por encima de nuestras posibilidades? ¿No deberíamos dar marcha atrás y reconocer la fatal verdad? ¿No sería mejor concederle a la muerte, en la realidad y en nuestros pensamientos, el lugar que por derecho le corresponde, y sacar a relucir un poco más nuestra actitud inconsciente hacia ella, que hasta el presente hemos sofocado con tanto cuidado?[15]

14 *Ibid.*, p. 291.
15 *Ibid.*, p. 301.

Frases que hoy nos pueden resultar verdaderamente peligrosas a nosotros, que consideramos la protección de la vida uno de los patrimonios culturales supremos —sobre todo en tiempos de la crisis del COVID-19—. Y, sin embargo, la actualidad también nos enseña que precisamente proteger la vida a toda costa es algo que puede impedir la propia vida —entendida como la vida buena, la que es digna de ser vivida—. Además, hay que leer las explicaciones de Freud teniendo de fondo una situación histórica en la que la muerte era omnipresente e inevitable para millones de personas. Así que, cuando Freud nos invita a reconocer la realidad de la muerte para «considerar la verdad como es debido y volver a hacer la vida más soportable»,[16] está expresando un convencimiento que está en consonancia con la vieja Estoa: acepta lo que no puedes cambiar.

La experiencia interior de Ernst Jünger

Pero Freud, como él mismo concede, solo conoce la realidad de la guerra como observador, desde la distancia. Todavía no se tumban en su sofá veteranos de guerra traumatizados (que de todos modos serán muy pocos), y por eso comenta en un pasaje de su tratado: «Sería muy interesante, sin lugar a dudas, estudiar las alteraciones producidas en la psicología de los combatientes, pero yo sé demasiado poco sobre eso».[17]

16 *Ibid.*
17 *Ibid.*, p. 292.

¡Menuda fuente de inspiración habría sido Ernst Jünger para Freud!, podríamos decir nosotros desde la perspectiva actual. Y también comprobaríamos hasta qué punto el padre del psicoanálisis habría visto confirmadas sus hipótesis sobre el inconsciente en aquel hombre, que fue uno de los más entusiastas de la guerra, y también, conforme a las categorías de su época, uno de los más heroicos de su tiempo.

Mientras Freud está en Viena tratando de entender «el torbellino de estos tiempos de guerra»,[18] Ernst Jünger va anotando en sus diarios sus experiencias como soldado. De esos apuntes acabará saliendo, entre otros textos, el libro más exitoso de Jünger, *Tempestades de acero*.

Jünger acaba de llegar con su compañía a Champaña. Los hombres se alojan en la escuela de la aldea de Orainville. El joven todavía no ha tenido ningún contacto real con la guerra. Pero eso va a cambiar en este «primer día de guerra»,[19] como escribe el autor.

> Estábamos sentados desayunando en el edificio de la escuela, que era el alojamiento que nos habían asignado. De pronto retumbaron sordamente cerca de allí, como truenos, varios golpes seguidos; a la vez salían corriendo de todas las casas soldados que se precipitaban hacia la entrada de la aldea. [...] Inmediatamente después aparecieron en la calle desierta unos grupos oscuros; en lonas de tienda de campaña

---

18 *Ibid.*, p. 277.
19 E. Jünger, *Tempestades de acero*, Barcelona, Tusquets, 1998, p. 10.

o sobre las manos entrelazadas arrastraban unos bultos negros. Con una sensación peculiarmente opresiva de estar viendo algo irreal se quedaron fijos mis ojos en una figura humana cubierta de sangre, de cuyo cuerpo pendía suelta una pierna doblada de un modo extraño, y que no cesaba de lanzar alaridos de «¡socorro!».[20]

Siguen lanzamientos de granadas en una cercana mansión señorial. Trece hombres mueren.

Pese a que en cualquier momento podían repetirse los disparos, un sentimiento de curiosidad compulsiva me arrastró hacia el lugar de la desgracia. [...] Grandes charcos de sangre enrojecían la calle; cascos y correajes yacían dispersos por el suelo. La pesada puerta de hierro de la entrada se hallaba destrozada, acribillada por fragmentos de metralla; el guardacantón estaba salpicado de sangre. Sentí como si un imán fijara mis ojos en aquello que estaba viendo; simultáneamente se producía dentro de mí un cambio profundo.[21]

Esta metamorfosis ilustra lo que Freud describe teóricamente: sale a la luz lo primitivo, que atenúa la conmoción y que, en el caso de Jünger, incluso la transforma en fascinación. La visión inmediata del horror lo devuelve a una época primitiva, a un estado que al

20 *Ibid.*
21 *Ibid.*

mismo tiempo no solo le posibilita resistir, sino que en adelante incluso le impulsará a buscar esta misma experiencia, sobre todo por la intensidad existencial que ella transmite: «Ahora me lo paso muy bien viviendo en medio de la guerra, me excita mucho jugar constantemente apostando la vida», escribirá luego Jünger en su diario. «Se vive, se tienen experiencias, se alcanzan el honor y la gloria... todo eso solo a cambio de poner en juego una vida miserable».[22]

Jünger será herido de gravedad varias veces, mata, dispara a sus enemigos en pleno rostro, ve morir a sus camaradas, pero los horrores de la guerra, que él mismo remarca («¿Cuándo acabará esta maldita guerra?»), no aminorarán su irresistible fuerza de atracción hasta el final.

En 1920, dos años después del final de la guerra, sale publicado el libro de Jünger *La guerra como vivencia interior,* y aquí se muestra claramente cuánto conecta su propio intento de reflexión con el de Freud. La guerra, según Jünger, es algo eterno, algo primitivo que todos llevamos muy dentro de nosotros:

Pero la guerra sigue viva aunque ya no ardan pueblos y ciudades, aunque ya no haya millones de hombres que se desangran en el fuego con el puño contraído, aunque sobre las desnudas mesas del lazareto ya no se sujeten con correas a personas convertidas en muñones gimientes. Tampoco la engendran algunos esta-

22 E. Jünger, *Diario de Guerra IV,* cit. en H. Schwilk, *Ernst Jünger. Ein Jahrhundertleben,* Stuttgart, Klett-Cotta, 2014, p. 131.

distas y diplomáticos, como muchos creen. Todo eso es solo externo. Las verdaderas fuentes de la guerra brotan profundas en nuestro pecho, y todo lo atroz que de cuando en cuando inunda el mundo no es más que el reflejo del alma humana, que se revela en los acontecimientos.[23]

Sin duda, como el propio Jünger concede, la lucha se ha vuelto sumamente tecnificada, los instrumentos se han desarrollado convirtiéndose en «órganos de conocimiento»,

> pero bajo una cáscara siempre reluciente y pulida, bajo todos los ropajes con los que nos revestimos como prestidigitadores, seguimos estando desnudos y seguimos siendo brutales, como los hombres del bosque y de la estepa. Eso se mostró cuando la guerra rompió la comunidad de Europa [...]. Entonces el verdadero hombre, en frenética orgía, se compensó a sí mismo por todo lo que había desaprovechado. Sus instintos, que la sociedad y las leyes habían refrenado ya durante mucho tiempo, volvieron a ser de pronto lo único real y sagrado y la razón última.[24]

En la guerra el hombre se despoja de la «máscara» que la civilización le puso,

---

23 Id., *Der Krieg als inneres Erlebnis*, Stuttgart, Klett-Cotta, 2016, p. 67.
24 *Ibid.*, pp. 36-37.

y aparece desnudo como antaño el hombre primitivo, el cavernícola, con todo el desenfreno de sus
instintos desbocados. [...] En el combate, en la guerra, que rompe todo convenio entre los hombres
como si fueran meros andrajos zurcidos de mendigo,
emerge la bestia como el misterioso monstruo del
fondo del alma.[25]

Es evidente que en estas palabras no solo resuena
Freud, sino también el filósofo Arthur Schopenhauer, cuya metafísica de la voluntad influyó profundamente en el psicoanálisis. Según Schopenhauer,
la «voluntad» es el fundamento original de la acción
humana y de los fenómenos del mundo, un puro impulso vital inconsciente que lo entrevera todo y que
desprecia la muerte,[26] o por decirlo de nuevo con las
palabras de Jünger,

una voluntad de vivir, la voluntad de lucha y de poder, aunque sea al precio de la propia vida. Ante esta
fuerza nocturna e incesante que nos desborda y nos
arrastra a luchar, todos los valores se vuelven ina-
nes, todos los conceptos se vacían de contenido, uno
siente la manifestación de algo elemental y poderoso,
de algo que siempre fue y siempre será, aunque haga
ya mucho tiempo que no queden hombres ni haya
guerras.[27]

25   Ibid., pp. 39-40.
26   Cf. A. Schopenhauer, El mundo como voluntad y representación II,
Madrid, Trotta, 2005, p. 200.
27   E. Jünger, Der Kampf als inneres Erlebnis, op. cit., p. 131.

Pero si la dureza de la guerra, como piensa Jünger, es en el fondo un reflejo de nuestra naturaleza, ¿cómo experimentamos, es más, cómo *soportamos* entonces —pregunta él— la blandura del bienestar en la paz? En 1934, cuando la Primera Guerra Mundial ha acabado hace ya tiempo y la Segunda está a punto de estallar, sale publicado el ensayo de Ernst Jünger *Sobre el dolor,* en el que se analiza «el aumento de la sensibilidad», que él relaciona con el hecho de que el hombre se ha separado «de las fuerzas elementales».[28] Desde la premisa de una brutalidad primitiva y omnipresente, el escritor mantiene la tesis de que el dolor es una experiencia central que no se puede erradicar del mundo: «Ninguna situación humana está a salvo del dolor».[29] Es cierto que el hombre ha hecho innumerables esfuerzos y ha tomado medidas para conjurar el dolor, «por ejemplo la abolición de las torturas y del esclavismo, la invención del pararrayos, la vacuna contra la viruela, los narcóticos, las compañías aseguradoras y todo un mundo de confort técnico y político».[30] Pero con ello el dolor no ha desaparecido, sino que solo se ha transformado en otros fenómenos también dolorosos, pero más civilizados. El dolor simplemente ha migrado a ellos:

28   *Id., Sobre el dolor,* Barcelona, Tusquets, 1995, p. 30.
29   *Ibid.,* p. 18.
30   *Ibid.,* p. 25.

Cuando se evita el dolor, el equilibrio se restablece en virtud de las leyes de una economía precisa, y parafraseando una famosa expresión se puede hablar de una «astucia del dolor», que consigue su objetivo por todas las vías. Por eso, cuando se contempla un estado de satisfacción generalizada, uno puede preguntar sin más cómo se soporta la carga [...]. El aburrimiento no es otra cosa que la disolución del dolor en el tiempo.[31]

Jünger atribuye también el «predominio de la psicología como ciencia que guarda estrechísima relación con el dolor»[32] al principio de constancia del dolor. Cuando el dolor apenas se siente ya corporalmente, pasa a la psique y se desfoga en el alma: «La suma del dolor no empleado se acumula en un capital invisible [...] que se multiplica con los intereses y los intereses de los intereses».[33] El dolor corporal es una especie de desahogo de energía, una descarga de tensión. Cuanto más se elimina con la civilización, tanto más intensamente se genera de forma artificial: por ejemplo mediante los deportes extremos o las autolesiones, haciéndose, por ejemplo, cortes en la piel.

Llegados a este punto, merece la pena que nos detengamos y echemos la vista atrás, pues esta observación de que el dolor no desaparece, sino que se transforma y se desplaza, en cierto modo ya la habíamos

31   *Ibid.*, p. 30.
32   *Ibid.*, p. 31.
33   *Ibid.*, p. 33.

visto en Norbert Elias. En la medida en que el proceso civilizatorio inhibe los impulsos, no solo hace que el mundo sea más pacífico, sino que al mismo tiempo genera nuevos sufrimientos, que ahora son anímicos. Desde luego, esta observación es también la base esencial del psicoanálisis freudiano, y en general de la psicología, y aparece ya en Friedrich Nietzsche, cuando, en el segundo tratado de la *Genealogía de la moral,* escribe que, «al verse *inhibida* la descarga [agresiva] del hombre hacia fuera»,[34] el dolor anímico aumenta en esa misma medida: «El hombre que, a falta de enemigos y resistencias externos, encorsetado en la estrechez opresiva y la regularidad de las costumbres, se desgarraba, perseguía, roía, ahuyentaba y maltrataba a sí mismo con impaciencia, ese animal que se golpeaba contra los barrotes de su jaula hasta causarse heridas»,[35] comienza a sufrir por culpa de sí mismo. Dicho de otro modo: a raíz de la historia de la civilización, la violencia externa va siendo sustituida progresivamente por una violencia interna, por los tormentos de la conciencia moral que nos encorseta. En cierta manera, el dolor ha sido asumido por esta instancia, en forma de autoflagelación, autocastración y autonegación, llegando en el peor de los casos a la autodestrucción, al suicidio.

Desde luego aquí no se trata de suscitar nostalgia por las situaciones premodernas, en las que se torturaba a las personas para castigarlas y se las exponía a los

34   F. Nietzsche, *Genealogía de la moral, op. cit.*, p. 504.
35   *Ibid.*, p. 545.

dolores más terribles (cosa que, desde luego, todavía sucede hoy en algunas partes del mundo). De lo que aquí se trata es de tomar conciencia de que, en nuestros días, el dolor sigue estando presente en el yo sumamente sensibilizado y máximamente controlado, solo que bajo una forma distinta e interiorizada.

Para entender este paso de la violencia externa a la violencia interna, hagamos de nuevo un pequeño viaje al siglo XVIII, para luego retornar a Jünger: justo mientras Jean-Jacques Rousseau escribe en el ambiente rural de Montmorency su *Julia* (véase el capítulo III), a tan solo unos pocos kilómetros de esta apacible vida romántica están torturando a un hombre.

La violencia del disciplinamiento

28 de marzo de 1757. En la Plaza de Grève, en París, grita desesperado un hombre. Se acusa a Robert-François Damiens de intento de regicidio. Al hombre, «vestido solo con una camisa», le queman primero con fuego de azufre la mano con la que quería matar al rey. Luego se le acerca un verdugo portando unas grandes tenazas de acero, con las que haciendo enormes esfuerzos le va arrancando al condenado trozos de carne: primero de la pierna derecha, luego del muslo y de los brazos, y por último le arranca los pezones. Damiens grita, implora perdón a Dios, pero no sirve de nada. En sus heridas, «grandes como valles», vierten líquidos hirvientes, como dicta la sentencia: «plomo fundido, aceite hirviendo, resina de brea y cera fundida con azufre». Sus

dolores aumentan aún más cuando empiezan a atarle cuerdas a sus extremidades. Lo atan firmemente de brazos y piernas. Luego traen cuatro caballos y enganchan cada uno de ellos a una cuerda. De golpe los caballos empiezan a tirar, pero el cuerpo de Damiens resiste. Las articulaciones se rompen, pero brazos y piernas no son arrancadas del tronco. Acaban trayendo otros dos caballos, pero ni siquiera con ellos se logra el resultado deseado. El verdugo le pide entonces al escribano que consulte al tribunal qué hay que hacer a continuación. El escribano se pone en camino, lo que naturalmente lleva su tiempo. Entre tanto Damiens —¡qué alternativa le queda!— soporta el dolor y aguarda su final inexorable. Al cabo de un rato regresa el escribano con el mensaje de que hay que seguir intentándolo. Se tira de los caballos con más fuerza, pero cuando uno de ellos cae al pavimento, dos verdugos extraen sin vacilar cuchillos de sus fundas y se los clavan profundamente a Damiens. Le cortan los músculos, para que los caballos lo tengan más fácil. Los caballos empujan con todas sus fuerzas, tiran de los arneses… esta vez con éxito.

Si Damiens, o lo que queda con él, vive aún o ya está muerto, sobre eso no hay acuerdo. Pero echan a la hoguera el tronco y las extremidades arrancadas, como estaba previsto. Durante cuatro horas arden las llamas.

Al día siguiente un perro merodea por las cenizas. Aunque lo ahuyentan, regresa siempre, pues el sitio donde habían ardido los pedazos del cuerpo sigue caliente.[36]

36 M. Foucault, *Vigilar y castigar*, México, Siglo XXI, 1976, pp. 6-8.

Es Michel Foucault quien narra esta escena justo al comienzo de su obra *Vigilar y castigar* (1975), que acabará teniendo gran influencia. El historiador francés explica en este tratado la gran transformación de las prácticas penales que se produjo en Europa a finales del siglo XVIII y comienzos del XIX. Foucault escribe:

> En unas cuantas décadas, ha desaparecido el cuerpo torturado, descuartizado, mutilado, marcado simbólicamente en el rostro o en el hombro, expuesto vivo o muerto, ofrecido en espectáculo. Ha desaparecido el cuerpo como blanco mayor de la represión penal. A fines del siglo XVIII, y en los comienzos del XIX, pese a algunos grandes destellos postremos, la sombría fiesta punitiva está extinguiéndose.[37]

En efecto, Damiens es una de las últimas personas que mueren sufriendo el terrible tormento del descuartizamiento con caballos. A partir de ese momento, el castigo se empieza a desvincular cada vez más del dolor corporal: «El castigo ha pasado de ser un arte de las sensaciones insoportables a ser una economía de los derechos suspendidos».[38] La introducción de la guillotina durante la Revolución Francesa, por muy terrible que hoy nos siga resultando su mero nombre, es un avance importante en este camino: son motivos humanitarios los que en 1789 llevan al médico Joseph Ignace Guillotin a poner en uso el aparato mecánico de decapitación,

37 *Ibid.*, pp. 10-11.
38 *Ibid.*, p. 13.

para posibilitar —acogiéndose a los derechos humanos y civiles recién proclamados— un ajusticiamiento de delincuentes lo más indoloro posible... totalmente al margen del estamento social al que pertenezca el criminal. Si hasta entonces les estaba reservado a los nobles y adinerados morir bajo la espada del verdugo, mientras que la gente perteneciente a estamentos inferiores tenía que padecer una muerte mucho más dolorosa, la guillotina debe permitir ahora que todos los malhechores mueran rápidamente. «Sin apenas tocar el cuerpo, la guillotina suprime la vida, del mismo modo que la prisión quita la libertad o una multa descuenta bienes»,[39] resume Foucault. La primera vez que se empleó la guillotina fue en 1792, en la Plaza de Grève.

La pena de muerte está prohibida hoy en casi todos los países del mundo. Es significativo que en Estados Unidos, donde aún está permitida en algunas partes, se dé mucha importancia a que la muerte se produzca del modo más indoloro posible: «Cuando se acerca el momento de la ejecución, se administra a los pacientes inyecciones de tranquilizantes. Utopía del pudor judicial: quitar la existencia evitando sentir el daño, privar de todos los derechos sin hacer sufrir, imponer penas liberadas de dolor».[40]

Sin embargo, para Foucault, el castigo indoloro, así como la privación de libertad, desde luego no están faltos de violencia. Es más, el pensador francés veía que no solo en el acto del encierro, sino también en

39 *Ibid.*, p. 15.
40 *Ibid.*, pp. 13-14.

las minuciosas regulaciones de la jornada carcelaria y en los ordenamientos espaciales específicos, operaba un poder que es característico de la Modernidad y que marcaba profundamente a los sujetos. Dicho de otro modo: la prisión es el paradigma de una sociedad que está pasando de la violencia bruta al disciplinamiento refinado, y que de este modo quiere mejorar las almas. Foucault, que era homosexual, veía de hecho en la Modernidad y en sus instituciones humanistas —la escuela, el hospital, el psiquiátrico, etc.— una especie de gigantesco centro educativo que normativiza a las personas a base de violencia, que les dice cómo debe ser su vida sexual y cómo han de vivir.

«En la sociedad disciplinaria el dolor sigue teniendo un papel constructivo», escribe el filósofo Byung-Chul Han pensando en Foucault. «*Forma* al hombre como medio de producción. Pero ya no se exhibe públicamente, sino que se relega a espacios disciplinarios cerrados, tales como cárceles, cuarteles, manicomios, fábricas o escuelas. La sociedad disciplinaria tiene una relación básicamente afirmativa con el dolor».[41]

Este tipo de violencia es perverso y difícil de controlar, porque no actúa de forma simplemente opresora y represiva, sino que es precisamente la fuerza que crea a los propios sujetos. Nuestros anhelos, lo que consideramos bueno o malo, el modo en que percibimos el mundo que nos rodea, no son cosas que surjan de nosotros mismos, sino que son el resultado de determinados discursos y prácticas. Las praxis y los discursos disciplinarios

---

41   B.C. Han, *La sociedad paliativa,* Barcelona, Herder, 2021, p. 20.

alcanzan su punto culminante cuando los sujetos ya no necesitan guardianes ni vigilancia, sino que se controlan a sí mismos mediante una severa conciencia moral.

Esto podría resumirse diciendo que en la Modernidad progresista el dolor se manifiesta subcutáneamente como disciplinamiento, o incluso como adiestramiento. De esta forma parecen explicarse también, desde otro punto de vista, el fenómeno que describía Ernst Jünger y la vida soldadesca en general, ¿pues acaso lo militar no es justamente la radicalización casi grotesca de la técnica disciplinaria? ¿Así que no es una pulsión arcaica, sino más bien la disciplina lo que constituye el origen de la existencia soldadesca, cuyo ideal de temeridad destructora de vida, como observa Jünger, se pierde en los feminizados tiempos de paz? Mientras que un soldado considera el cuerpo «como avanzadilla» que se puede sacrificar en combate, bajo el signo de la sensibilidad moderna el cuerpo pasa a ser un valor en sí mismo, un «núcleo esencial de la propia vida»:

> De ahí que tanto en el mundo heroico como en el cultual encontremos una relación con el dolor en todo distinta de la que hallamos en el mundo de la sentimentalidad. Mientras que en este último mundo lo que importa es, como hemos visto, expulsar el dolor y excluirlo de la vida, de lo que se trata en el mundo heroico y en el cultual es de incluirlo en la vida y de disponer esta de tal manera que en todo tiempo se halle pertrechada para el encuentro con el dolor.[42]

42 E. Jünger, *Sobre el dolor, op. cit.*, p. 34.

¿Debemos leer entonces los textos de Jünger de forma muy distinta a como lo hemos hecho hasta ahora, no tanto como demostración del arcaico impulso vital cuanto como «etologías del frío» con fines disciplinarios?

Persona fría y yo blindado

El antropólogo cultural Helmut Lethen ha sintetizado justamente en esta expresión los ideales de acción que durante los años de entreguerras movilizaron para ir a la guerra. Según Lethen, «distancia» y «disciplina» son las palabras clave decisivas que designan los «intentos de vivir en tiempo de entreguerras». «No sorprenderá —dice el antropólogo cultural— que los diagnósticos de la época que hizo Jünger se rijan por la etología de la persona fría, cuya máxima dice: quien quiera ejercer el poder, desde su grandeza orgánica y moral deberá transformar a quien tiene en frente en un objeto físico de percepción». El imperativo correspondiente dice: «Aprende a aceptar la disciplina como forma adecuada de extraer de la conciencia la presencia del dolor, y entonces lograrás desarrollar una "conciencia más fría", que te permitirá percibirte a ti mismo como objeto».[43]

Lethen investiga en su libro cómo se desarrolló esta etología del frío en la historia de las ideas, y des-

---

43   H. Lethen, *Verhaltenslehren der Kälte. Lebensversuche zwischen den Kriegen*, Frankfurt del Meno, Suhrkamp, 1994, p. 199.

cubre un interés por el *ethos* de la nobleza del siglo
XVII: un interés que se genera en tiempos de entreguerras y que es específicamente alemán. Este interés
fue designado y descrito de forma destacada en los
años veinte y treinta del siglo pasado por el sociólogo
Helmut Plessner en sus libros *Límites de la comunidad*
(1924) y *La nación retrasada* (1935). Lethen resume las
observaciones de Plessner diciendo que hay en Alemania un cierto déficit o necesidad atrasada, porque
«el decisivo impulso civilizatorio noble y burgués que
hubo a comienzos de la Modernidad en Alemania se
produjo en plena época de guerras confesionales y de
recesión económica».[44]

Dicho con otras palabras: a los fanáticos alemanes
de la autenticidad les falta cultura cortesana, carecen
del arte de la mascarada y del fingimiento, esos fanáticos que constantemente se cercioran de sus raíces
y celebran la cohesión comunitaria como un logro.
Plessner se basa en que el hombre necesita la artifi-
ciosidad del trato, el escenario público de la sociedad.

En los aforismos del *Oráculo manual* del jesuita es-
pañol Baltasar Gracián (1601-1658) Lethen descubre
una referencia moderna decisiva de este arte del distanciamiento. «Nunca descomponerse», dice por ejemplo el aforismo 52: «Son las pasiones los humores del
ánimo, y cualquier exceso en ellas causa indisposición
de cordura; y si el mal saliere a la boca, peligrará la
reputación».[45]

44 *Ibid.*, p. 8.
45 Cit. en H. Lethen, *Verhaltenslehren der Kälte, op. cit.*, p. 55.

Pero entonces, ¿alguien como Jünger, con su desprecio de la sensibilidad, no encajaría mejor en esta línea tradicional que describe Helmut Lethen? ¿La clave para entender el pensamiento y las acciones de Jünger no está por tanto en lo arcaico, sino más bien en el control de las emociones?

«Llamamos disciplina a la forma en que el hombre mantiene el contacto con el dolor», escribe el propio Jünger:

> De ahí que no pueda extrañar que en este tiempo nuestro estemos volviendo a toparnos cada vez más frecuentemente con esos rostros que hasta hace poco solo cabía encontrar en las últimas islas subsistentes de los órdenes estamentales, ante todo en el ejército prusiano [...]. Lo que en el mundo liberal se entendía por «buen» rostro era propiamente el rostro fino, nervioso, móvil, cambiante, abierto a las influencias e incitaciones más variadas. El rostro disciplinado es, por el contrario, un rostro cerrado; mira a un punto fijo y es unilateral, objetivo, rígido. En toda suerte de instrucción dirigida notamos enseguida que la intervención de reglas y prescripciones fijas e impersonales tiene su decantación en el endurecimiento del rostro.[46]

En su *Análisis del carácter,* el psicoanalista Wilhelm Reich describe en 1933 como «blindaje» esta dureza lograda a base de disciplinamiento y represión de los

---

46 E. Jünger, *Sobre el dolor, op. cit.,* pp. 44-45.

instintos. Según Reich, el blindaje del carácter actuaría como protección contra los estímulos del mundo externo y, al mismo tiempo, reprimiría en el interior los impulsos instintivos que la sociedad condena. De este modo, escribe Reich, el yo blindado surge del conflicto «entre el instinto [...] y el miedo al castigo». «El yo, la parte expuesta de la persona, se endurece [...]. Es como si sobre él se hubiera formado una dura cubierta que atenuara y amortiguara tanto los golpes que nos da el mundo externo como las demandas de las necesidades interiores».[47] Lo que describe la imagen del blindaje que emplea Reich es una personalidad extremadamente autocontrolada, rígida y con tendencias neuróticas, que tiene que invertir una enorme cantidad de energía para someterse a la exigencia cultural de la represión de los instintos.

Pero esto hay que examinarlo más detenidamente. Naturaleza contra artificio, brutalidad primitiva contra adiestramiento militar: ni Jünger ni el psicoanálisis ven aquí opuestos incompatibles. Lo que llamamos «yo» se forma por la incesante interacción entre la vida instintiva y las leyes del mundo externo, lo cual significa que, cuanto más severas y refinadas sean las leyes, tanto más se modificará también en consecuencia el «aparato anímico»: se volverá más complejo y a la vez más sensible para las influencias externas, que él asumirá o bien tratará de rechazar para protegerse de sobrecargas.

47   W. Reich, *Charakteranalyse*, Colonia, Kiepenheuer & Witsch, 2018, pp. 450-451.

Pero no siempre se logra este rechazo. Si la influencia externa es muy fuerte, el alma sale mal parada. ¿Pero cómo hay que imaginarse exactamente este proceso destructivo? ¿Qué convierte un acontecimiento en un trauma? ¿Cómo ha cambiado históricamente el concepto de trauma, y por tanto también el de víctima? Preguntas que nos llevan a un nuevo complejo de ideas sumamente discutidas. Por ejemplo, en un artículo tardío Freud investigó minuciosamente el fenómeno de las experiencias traumáticas, y es significativo que, a diferencia de Wilhelm Reich, no hable de un «blindaje» anímico impenetrable, adquirido a base de instrucción militar, cuya función sea separar estrictamente el interior de exterior. En la imagen que Freud utiliza para representar el alma humana lo que queda en primer plano es la vulnerabilidad y la sensibilidad, pero sin que ello suponga renunciar a las defensas.

V. TRAUMA Y DETONANTE

EL ORGANISMO COMO VESÍCULA

«Representémonos al organismo vivo en su máxima simplificación posible, como una vesícula indiferenciada de sustancia estimulable»: esto escribe Freud en *Más allá del principio del placer,* un artículo publicado en 1920, para ilustrar el funcionamiento del aparato psíquico.[1] El motivo que inspira a Freud esta imagen de la vesícula excitable es la «horrorosa guerra que acaba de terminar»,[2] causante de una enfermedad propagada masivamente llamada «neurosis traumática». Las neurosis traumáticas se producen tras «graves conmociones mecánicas, choques ferroviarios y otros accidentes que aparejaron riesgo de muerte».[3] La consecuencia es «un debilitamiento y una destrucción generales mucho más vastos de las operaciones anímicas».[4] Lo peculiar de las «neurosis de guerra» es que el correspondiente «cua-

1   S. Freud, *Más allá del principio de placer,* en *Obras completas* XVIII, Buenos Aires, Amorrortu, 1992, p. 26.
2   *Ibid.*, p. 12.
3   *Ibid.*
4   *Ibid.*

dro patológico sobrevenía en ocasiones sin necesidad de que se hubiera producido una violencia mecánica brutal».[5] Es decir, en el caso del trauma de guerra, la grave conmoción del aparato psíquico es a menudo de otra naturaleza, de una naturaleza no mecánica. Este es exactamente el tipo de conmoción que Freud trata de explicar con la imagen de la vesícula.

En condiciones normales la vesícula está protegida por una «corteza», que amortigua y filtra los estímulos externos, de modo que su interior sigue estando a salvo. Esta corteza se forma «por el incesante embate de los estímulos externos sobre la superficie de la vesícula»,[6] que es lo que le da su carácter protector. En palabras de Freud, la «vesícula […] viviente» obtiene su «protección antiestímulo» del siguiente modo:

> su superficie más externa deja de tener la estructura propia de la materia viva, se vuelve inorgánica, por así decir, y en lo sucesivo opera apartando los estímulos, como un envoltorio especial o membrana; vale decir, hace que ahora las energías del mundo exterior puedan propagarse solo con una fracción de su intensidad a los estratos contiguos, que permanecieron vivos.[7]

Freud atribuye a esta protección antiestímulo una «función casi más importante» que la de recibir los estímulos: la vesícula podría quedar destruida para siem-

5   *Ibid.*
6   *Ibid.*, p. 26.
7   *Ibid.*, p. 27.

pre por ingentes cantidades de energía que penetraran desde fuera. «Llamamos *traumáticas* a las excitaciones externas que poseen fuerza suficiente para perforar la protección antiestímulo».[8]

El organismo vivo: una vesícula sensible recubierta de una fina membrana como envoltura externa. Es evidente que Freud recoge las investigaciones biológicas sobre la membrana celular que se hacían en su época y las extrapola metafóricamente a lo psíquico. La membrana no solo protege, sino que al mismo tiempo es la superficie sensible que conecta el organismo con el mundo exterior, deja pasar estímulos escogidos y de este modo estructura y configura el interior. Así es como los «organismos altamente desarrollados» tienen en su superficie corporal los «órganos sensitivos», con la función de proteger de los estímulos:

> Es característico de tales órganos que procesen solo cantidades muy pequeñas del estímulo externo: toman solo pequeñas muestras del mundo exterior; quizá se los podría comparar con unas antenas que tantearan el mundo exterior y se retiraran de él cada vez.[9]

Esto recuerda inevitablemente a la observación de Simmel de que el hombre solo puede protegerse del «aluvión de estímulos» de las grandes urbes modernas con el «abotargamiento». Lo cual nos hace pensar también en el fenómeno de la hipersensibilidad, que es opuesta al

8 *Ibid.*, p. 29.
9 *Ibid.*, pp. 27-28.

abotargamiento y a la que recientemente se le ha prestado mucha atención (véase el capítulo VIII). Pero primero debemos llamar la atención aquí sobre otra cosa.

Víctimas: del recuento a la narración

La «vesícula» vulnerable representa al mismo tiempo un cambio histórico. Justo a partir del año en el que Freud publica *Más allá del principio del placer* (1920), los heridos de guerra son contados por primera vez como «víctimas de guerra».[10] Por tanto, víctimas ya no son solo los que yacen muertos en el campo de batalla. Desde ese momento es también víctima quien ha sobrevivido a la guerra pero le han quedado graves lesiones corporales o, justamente, trastornos psicológicos. Esta modificación de la percepción de la violencia se asocia también con otro cambio importante: se pasa del recuento a la narración. Víctima ya no es solo el cuerpo inerte que entra en el *recuento* que se hace para las estadísticas de guerra,[11] sino que en el transcurso del siglo XX los *relatos* de las víctimas —sus relatos de vivencias, conmociones y sueños— cobran cada vez mayor importancia. Sin duda, el método psicoanalítico de Freud contribuyó a este cambio de la cifra a la narración, e incluso puede considerarse paradigmático para la revalorización del habla y del lenguaje en relación

---

10 Cf. S. Goltermann, *Opfer. Die Wahrnehmung von Krieg und Gewalt in der Moderne*, Frankfurt del Meno, Fischer, 2017, p. 156.

11 Cf. *ibid.*, pp. 27 ss.

con el sufrimiento padecido: se ha ejercido violencia sobre una persona. Ella es víctima de un delito que la ha dañado gravemente, que quizá incluso casi la ha matado. A veces tiene que pasar mucho tiempo hasta que una persona comprende lo que le ha sucedido. Pero ha sobrevivido. Había algo en ella que no la dejó morir. Esta fuerza nacida de la angustia mortal se libera inconscientemente en el momento de la violencia. Surge de aquel impulso vital desenfrenado, primitivo e inconsciente del que hablamos en el último capítulo. Un impulso que hace que el hombre se supere a sí mismo sin que él pueda decidir eso conscientemente. A su actividad es inherente, por tanto, una dimensión patética: es algo que le sucede al sujeto y que le viene de su dotación instintiva. Es esta fuerza la que salvó a la víctima en el momento decisivo y la que ahora se puede aplicar contra la irrupción del trauma, si se logra tomar conciencia de ella.

En esto exactamente se centra el trabajo psicoanalítico con los sueños: en conectar primero con la fuerza motriz que actuó eficazmente en el grave momento en que se fue víctima de violencia, pudiéndose impedir de este modo la muerte real o psíquica, para luego, durante el procesamiento psíquico de esa vivencia, poder aplicar todas las fuerzas en orden a superar la aguda crisis existencial o incluso a salir fortalecido de ella.

Sin embargo, este paso del recuento al relato no dejó de ser problemático —e incluso quizá lo siga siendo hasta hoy— por varios motivos. En su libro *Víctima,* la historiadora Svenja Goltermann describe lo vergonzante que era el papel de víctima sobre todo en la época de Freud.[12] De hecho, como sabemos, cada vez menos gente de la sociedad acudía a la consulta del psicoanalista. Incluso los veteranos de la Segunda Guerra Mundial, por no hablar ya de los supervivientes del Holocausto, la mayoría de las veces se reservaban para sí mismos sus terribles vivencias. De forma más o menos difusa, dice Goltermann, la sociedad ha atribuido a los propios afectados parte de la culpa por lo padecido: quien no se sobreponía a determinadas experiencias era considerado sin más demasiado blando, e incluso posiblemente él mismo tenía la culpa de haber caído en su lamentable situación.

Goltermann considera que también la neurología en su sentido más amplio funciona con esta lógica, pues, como subraya la historiadora, esa ciencia incluye en su análisis a la «personalidad», que, si ha sobrevivido, puede gestionar de diversas maneras la experiencia de la violencia: «Por consiguiente, debido a su "personalidad", el afectado había procesado la experiencia de forma "anormal", quizá incluso había desarrollado "ilusiones o deseos", de modo que la propia personalidad alentaba el trastorno psíquico».[13]

Goltermann no cita a Freud por su nombre, pero está claro que también se refiere a él. De hecho, Freud no deja fuera a la «personalidad». Nunca le importan solo los sucesos externos, sino siempre también la psicología del individuo. Así también en *Más allá del prin-*

12   *Ibid.*, p. 182.
13   *Ibid.*, p. 208.

cipio de placer, cuando explica que los estímulos con los que se ve confrontada la «vesícula» no vienen solo de fuera, sino también de su interior:

Ahora bien, este estrato cortical sensitivo, que más tarde será el sistema Ce, recibe también excitaciones desde dentro; la posición del sistema entre el exterior y el interior, así como la diversidad de las condiciones bajo las cuales puede ser influido desde un lado y desde el otro, se vuelven decisivas para su operación y la del aparato anímico como un todo.[14]

Estas excitaciones que vienen de dentro son pulsiones instintivas que, si son inconscientes, pueden perturbar sensiblemente el sistema, e incluso pueden desarrollar por sí mismas la fuerza de un trauma, pues «hacia adentro [la protección antiestímulo] es imposible, y las excitaciones de los estratos más profundos se propagan hasta el sistema de manera directa y en medida no reducida».[15] Por eso, según Freud,

se tenderá a tratar [los sentimientos desagradables] como si no obrasen desde dentro, sino desde fuera, a fin de poder aplicarles el medio defensivo de la protección *antiestímulo.* Este es el origen de la proyección, a la que le está reservado un papel tan importante en la causación de procesos patológicos.[16]

14   S. Freud, *Más allá del principio de placer, op. cit.*, p. 28.
15   *Ibid.*, p. 28.
16   *Ibid.*, p. 29.

En un sentido psicoanalítico, proyectar significa arrojar algo hacia fuera, atribuir a otros «lo que uno se niega a reconocer en sí mismo o a ser él mismo».[17]

En el caso de un «aluvión» de estímulos traumáticos vinientes de fuera, para Freud es muy importante cómo está estructurado el aparato psíquico en su interior. Si logra «investir» y «ligar» los sentimientos internos, procesará también de otro modo los sucesos externos:

> Cuanto más alta sea su energía estática propia, tanto mayor será también su fuerza ligadora; y a la inversa: cuanto más baja sea su investidura, tanto menos capacitado estará el sistema para recibir energía afluyente, y más violentas serán las consecuencias de una perforación de la protección antiestímulo como la considerada.[18]

Freud espera que por medio del análisis se puedan movilizar las defensas de la víctima. De este modo aboga claramente por el concepto de resiliencia, aunque esta noción no era usual en aquella época. Por muy impotente que se sienta una persona en una situación traumática (y para Freud es indudable que lo es), lleva en su fuerza motriz una voluntad inconsciente de vivir que, si se toma conciencia de ella, podrá aplicarse productivamente contra la influencia traumática. Eso no es fácil, pues, al fin y al cabo, bajo las condiciones culturales

---

17 J. Laplanche y J.B. Pontalis, *Das Vokabular der Psychoanalyse*, Frankfurt del Meno, Suhrkamp, 1973, p. 406.
18 S. Freud, *Más allá del principio de placer, op. cit.*, p. 30.

dadas la pulsión resulta vergonzante, ya que está por encima del bien y del mal. Por eso hay que hacer que deje de ser vergonzante, para encontrar la salida a la situación de impotencia causada por agentes externos.

DE LA PULSIÓN AL DETONANTE: EL TRASTORNO POR ESTRÉS POSTRAUMÁTICO

Si a partir de aquí se examina el desarrollo posterior del concepto de trauma, se aprecia que, desde los años setenta y ochenta del siglo pasado, hay un gran interés por apartar el foco del individuo y desviarlo hacia las circunstancias. Sobre todo a raíz de la guerra de Vietnam —según el relato de este desarrollo que hace Svenja Goltermann— aparece el concepto de «trastorno por estrés postraumático», que hace que el foco de interés se desvíe de la constitución personal —lo que también se podría llamar el interior de la «vesícula» de la que hablaba Freud—. Lo único importante a partir de ahora será el propio acontecimiento traumático, y no una lógica psicológica del tipo que sea.[19] De este modo, se empezó a hacer una consideración más o menos maquinal de la persona en su límite de estrés: el límite se puede determinar objetivamente, como en una máquina. Según Svenja Goltermann, con esta nueva interpretación pospsicoanalítica del trauma se produjo un verdadero «cambio de marea»:[20]

19   Cf. S. Goltermann, *Opfer, op. cit.*, pp. 209 ss.
20   *Ibid.*, p. 212

«La hipótesis decisiva era que prácticamente todo individuo que hubiera sufrido tal experiencia desarrollaría algunos de los síntomas característicos del estrés».[21]

En 1980, la Sociedad Norteamericana de Psiquiatría (APA), la asociación de psiquiatras más influyente del mundo, quitó la neurosis del sistema clasificatorio de las enfermedades psiquiátricas, el llamado *Diagnostic and Statistical Manual of Mental Disorders,* cuya abreviatura es DSM. En su libro *La timidez,* el historiador de la medicina Christopher Lane denomina al DSM la «Biblia de la psiquiatría»: es la instancia que define fundamentalmente y a nivel mundial lo que se entiende por enfermedad, al tiempo que ha ampliado duraderamente el poder de la industria farmacéutica.[22] Mientras que la neurosis se asocia con la personalidad y con la historia individual, por influencia de la APA, que tiene una orientación antifreudiana, los trastornos psíquicos se tratan cada vez más con medicamentos.

Sin embargo, tras la publicación de la tercera versión del DSM en 1980, en seguida se vio que la hipótesis central no era sostenible de esa manera: no todas las personas reaccionan del mismo modo a los mismos acontecimientos. Hubo que constatar que también hay predisposiciones. Esta restricción se compensó en cierto modo en una versión reelaborada del DSM, en la que

21   *Ibid.*, pp. 209-212.
22   C. Lane, *Shyness. How Normal Behaviour Became a Sickness*, New Haven, Yale University Press, 2007, p. 3.

se desarrolló una noción mucho más amplia de los síntomas del trastorno por estrés postraumático. Por consiguiente, en el DSM IV de 1994, como detonante de un trastorno por estrés postraumático ya no aparecen solo acontecimientos extraordinarios, como la guerra o el fallecimiento de un allegado, sino sucesos más generales que dañan la integridad psíquica.[23]

¿Pero qué daña la integridad psíquica? ¿Una violación o un roce en la rodilla? Según Goltermann, como criterio para ello se ha introducido un «elemento subjetivo» en el concepto de trauma: «La persona tuvo que haber sentido "miedo intenso, desamparo u horror" como reacción al suceso. Por tanto, lo que se podía declarar "acontecimiento traumático" estaba sujeto a procesos de atribución individuales».[24]

Hoy se pueden apreciar claramente las repercusiones de este concepto de trauma ampliado y casi ilimitado. «Estar traumatizado por algo» se está convirtiendo prácticamente en una experiencia cotidiana. Películas, novelas, palabras sueltas: casi todo puede traumatizar o retraumatizar. Nos guste o no, este empleo inflacionario del concepto provoca una trivialización de los graves traumas reales.

Para Goltermann es obvio que este desarrollo tiene un doble filo: por un lado, se dio voz a las víctimas, su sufrimiento se reconoció y se tematizó públicamente. Pero por otro lado, con la progresiva subjetivización de la enfermedad, cada vez era más confuso quién es exac-

---

23   Cf. S. Goltermann, *Opfer*, *op. cit.* 214.
24   *Ibid.*

tamente una víctima. Si es finalmente la percepción individual la que decide qué se clasifica como trauma, ¿cómo evitar entonces el peligro de que se abuse del diagnóstico, por ejemplo, en un proceso judicial?[25] Además, subraya Goltermann, la coyuntura del concepto de trauma no solo posibilita una narración del sufrimiento, sino que también bloquea historias: simplificándolo penalmente, el concepto de «trauma» se aplica a fenómenos pasados que habrían merecido un análisis mucho más minucioso.[26] Además, es muy tentador narrar la propia historia como la pura historia de una víctima. Quien es víctima es inocente y puede demandar también indemnizaciones económicas: «Es la racionalidad del discurso occidental de la indemnización la que hace irrenunciable designarse como víctima, y solo como víctima, cuando se reclama el derecho a la indemnización».[27]

Pero lo decisivo para la comprensión de nuestra época es, sobre todo, este punto: fenómenos actuales como las advertencias sobre contenidos que pueden herir la sensibilidad apuntan a que, a diferencia de lo que sucedía en Freud, el foco del interés cada vez parece centrarse no tanto en las propias defensas psíquicas como en la pregunta acerca de cómo se puede proteger la «vesícula» *desde fuera*. Protegerla significa evitar, a ser posible por completo, los peligros externos, o al menos señalarlos a tiempo.

25   Cf. *ibid.*, p. 215.
26   Cf. *ibid.*, p. 233.
27   *Ibid.*, p. 232.

Trigger significa «detonante». En el contexto psicológico, el término se emplea cuando a causa de determinados sucesos una persona recae en un trauma. Un detonante puede ser cualquier cosa, desde un petardo de Noche Vieja que recuerde a la guerra hasta poemas eróticos que reactiven psíquicamente una violación o un acoso sexual. Las advertencias sobre contenidos que pueden herir la sensibilidad deben impedir la evocación de recuerdos traumatizantes informando a tiempo de la manera en que se van a mostrar ciertas cosas, dándole así al afectado la posibilidad de que desista de leer un libro o de ver una película.

¿ALGOFOBIA?

Hay que admitir que, en este punto, es tentador explayarse en una crítica generalizada del presente, como hace por ejemplo el filósofo Byung-Chul Han, quien en su libro *La sociedad paliativa* le certifica al mundo actual una «algofobia», un «miedo generalizado al dolor»: «Se trata de evitar todo estado doloroso. [...] Cada vez se deja menos margen a los conflictos y las controversias, que podrían provocar dolorosas confrontaciones».[28] Cuanto mayor sea el miedo al dolor, cuanto más cómodamente y más a seguro se instale uno en el mundo, tanto más se pondrá el foco de la percepción en cada mínima menudencia que pudiera suscitar malestar. Así opina también el filósofo Norbert Bolz:

28   B.C. Han, *La sociedad paliativa, op. cit.*, p. 11.

Nada es inofensivo. Por lo general, esta disposición al miedo no responde a ningún peligro real. Al contrario. Nos hallamos ante la paradójica situación de que las personas, cuanto más seguras viven, con más miedo reaccionan a las restricciones. La exageración que los medios de comunicación de masas hacen de los riesgos más mínimos conduce pues a lo que el filósofo Odo Marquard denominó una vez «el síndrome de la princesa del guisante»: cuantos menos peligros, más temores.[29]

Y en otro pasaje: «Hipersensibilidad significa que uno sufre cada vez más aunque cada vez tenga menos motivos para ello».[30] Desde esta perspectiva se podría decir: si en estos momentos no hay ningún motivo de inquietud, entonces uno se preocupa de problemas lingüísticos realmente fútiles.

Pero aquí se suscita la crítica, y hasta cierto punto con razón. Para seguir con el lenguaje: al fin y al cabo, hoy vivimos en una época de discursos de odio masivos, alentados principalmente por los medios digitales, que no rara vez son seguidos de violencia real. Piénsese en los tuits agitadores del último presidente estadounidense y en el asalto al Capitolio en enero de 2021. Piénsese en los asesinatos del NSU (Clandestinidad Nacionalsocialista), en Walter Lübcke, que fue asesinado de un tiro en la cabeza. La política del

29   N. Bolz, *Avantgarde der Angst*, Berlín, Matthes & Seitz, 2021, p. 66.
30   *Ibid.*, p. 28.

partido verde Renate Künast, a quien llamaron en las redes «pedazo de mierda» y que, como muchas de sus colegas, tuvo que enfrentarse a una misoginia extrema, ve en los discursos de odio una «estrategia para acabar con la democracia».[31]

Con esto se plantearía la pregunta de cuándo una intervención o un texto empieza a ser un discurso de odio. ¿Comienza el racismo cuando se emplea como cita «la palabra que empieza por ene»? ¿Y el sexismo empieza con el empleo del masculino genérico? El siguiente capítulo investigará estos supuestos y se ocupará del candente núcleo de los conflictos actuales: lo que los adversarios llaman la *corrección política*.

31   https://www.dw.com/de/renate-k%C3%BCnast-hate-speech-interview/a-55383363 [último acceso el 28/06/2022].

VI. SENSIBILIDAD LINGÜÍSTICA

EFECTOS DE REALIDAD

La actual sensibilidad lingüística se puede medir por su grado de normativización. El uso del lenguaje no sexista es ya habitual en numerosas instituciones. Sobre todo en las universidades se recomienda encarecidamente el uso de un vocabulario no sexista. Este es un extracto de las directrices de la Universidad de Ratisbona: «El lenguaje inclusivo y las formulaciones no sexistas significan visibilizar y dar voz en el lenguaje a todos y a todas, y en las formulaciones que se refieren a personas deben nombrarse por igual mujeres, hombres y personas del tercer género (diversos)».[1]

En septiembre de 2020, el Senado de Berlín promulgó unas directrices para el uso del lenguaje sensible a la diversidad. En lugar de «extranjeros» se debía decir «habitantes sin nacionalidad alemana». Igualmente hay que evitar la expresión «viajar en negro» y decir en su lugar «viajar sin billete de viaje válido».

---

1   https://www.uni-regensburg.de/assets/rechtsgrundlagen/faltblatt-gendergerechte-sprache.pdf [último acceso: 28/06/2022].

¿Pero cómo explicar que hoy se conceda tanta importancia a los signos lingüísticos, que después de todo no comportan ninguna materialidad? Para entender los debates actuales es necesario esclarecer las raíces filosóficas y lingüísticas de la nueva sensibilidad: ¿en qué teoría se basa la actual sensibilidad lingüística? ¿A qué escuelas de pensamiento se acoge? Y en un paso siguiente habría que preguntar: ¿a partir de estas teorías se pueden sacar realmente las conclusiones que encontramos en las directrices para el uso de lenguaje no sexista y sensible a la diversidad?

Considerándolo desde la historia de las ciencias, lo fundamental para la comprensión del presente es el llamado *linguistic turn,* el «giro lingüístico». Con ese término se designan planteamientos filológicos y de la filosofía del lenguaje que se remontan hasta los comienzos del siglo xx y que atribuyen efectos de realidad a los signos lingüísticos: el lenguaje no solo recurre a la realidad, sino que crea realidad. En cierto sentido, la revalorización de la narración, tal como la expusimos en el capítulo anterior a partir de la *talking cure* o terapia conversacional de Freud, puede considerarse ya un giro en este sentido: al fin y al cabo, desde una perspectiva psicoanalítica, las palabras tienen un evidente potencial curativo. Y, a la inversa, tal como se muestra en casos concretos de sufrimientos psicosomáticos, también pueden actuar como un «golpe en la cara».

Pero el auténtico pionero del giro lingüístico fue un contemporáneo de Freud: el lingüista suizo Ferdinand de Saussure (1857-1913). En su obra *Curso de lingüística general* (1916), publicada póstumamente y que llegó a ser muy influyente, desarrolló la idea de que los signos lingüísticos no solo representan el mundo, sino que el lenguaje es más bien un sistema específico que genera significados por sí mismo. Dicho de otro modo: los signos lingüísticos no se limitan a nombrar las cosas tal como aparecen en el mundo.

Un ejemplo concreto: con la palabra «mesa» enseguida surge en la cabeza la noción del objeto respectivo. Pero, según Saussure, este acoplamiento de signo y concepto es arbitrario. Antes de que estas dos magnitudes (imagen acústica y concepto o, como también dice Saussure, significante y significado) coincidan en un signo, son amorfas e indefinidas. Por eso Saussure, haciendo una comparación, dice que nuestros conceptos son «como una nebulosa donde nada está necesariamente delimitado».[2] Tampoco la masa acústica es más que «una materia plástica que se divide a su vez en partes distintas, para suministrar los significantes que el pensamiento necesita».[3] Considerándolo así, es el lenguaje el que, al estructurar la masa indefinida, nos hace posible pensar.

Pero, al mismo tiempo, la estructura del lenguaje justamente no resulta del mundo prelingüístico existente, sino que el significado de un signo resulta de su demarcación de otros signos dentro del sistema. Como el propio Saussure dice:

2   F. de Saussure, *Curso de lingüística general*, Buenos Aires, Losada, 1945, p. 191.
3   *Ibid.*, pp. 191-192.

Todo lo precedente viene a significar que en la lengua no hay más que diferencias. Todavía más: una diferencia supone, en general, términos positivos entre los cuales se establece; pero en la lengua solo hay diferencias sin términos positivos. Ya se considere el significante, ya el significado, la lengua no comporta ideas ni sonidos preexistentes al sistema lingüístico, sino solamente diferencias conceptuales y diferencias fónicas resultantes de ese sistema. Lo que de idea o de materia fónica hay en un signo importa menos que lo que hay a su alrededor en los otros signos.[4]

Para Saussure, la estructura lingüística consta fundamentalmente de oposiciones, por ejemplo: «hombre»/«mujer», «negro»/«blanco», «arriba»/«abajo», «bello»/«feo». El significado del signo lingüístico «mujer» se determina demarcándolo de «hombre», igual que «blanco» resulta de la diferencia con «negro». En seguida se percibe que estas oposiciones comportan una valoración, es decir, que se plantean jerárquicamente y que, en cuanto tales, determinan básicamente nuestra percepción del mundo.

Pero si esa estructura no viene dada por nada extralingüístico, como el propio Saussure dice, ¿qué le da estabilidad? ¿Qué nos obliga a emplear las palabras siempre del mismo modo, en el fondo fijando también el modo de percibir el mundo? El lingüista explica que lo único que nos obliga a ello es la pura convención. Y en relación con ello, la costumbre. ¿Significa eso

4   *Ibid.*, p. 203.

que si empleamos los signos de otro modo se modifica también nuestra percepción, e incluso el mundo en cuanto tal?

DERRIDA Y BUTLER: EL JUEGO COMO RESISTENCIA

Exactamente este es el punto en el que interviene el llamado posestructuralismo, que critica y pretende superar el estructuralismo de Saussure. Un destacado representante de esta teoría es el filósofo francés Jacques Derrida. Su objetivo es deconstruir la estructura fija del lenguaje, es decir, disolverla y volver a pensarla desde el principio, empezando exactamente ahí donde, según Saussure, una estructura se constituye por primera vez como tal: en su repetición siempre idéntica y condicionada por la convención. Tal como el propio Derrida explica, las diferencias dentro del lenguaje «no han llovido del cielo ya terminadas, y tampoco están grabadas en un *topos noetos* ni están trazadas en una tablilla de cera que haya en el cerebro».[5]

Si el significado de un signo solo se determina demarcándolo de otros signos, si lo único que sugiere el aspecto de una estructura lingüística fija es la repetición inalterada, entonces, tal como concluye Derrida, es evidente que el significado se puede modificar usando los signos de modo distinto. En relación con

5   J. Derrida, *Die différance*, en P. Engelmann (ed.), *Postmoderne Literatur und Dekonstruktion. Texte französischer Philosophen der Gegenwart*, Stuttgart, Reclam, 1997, pp. 76-113; aquí: p. 83.

esto, lo importante para Derrida es la distancia temporal que separa al signo lingüístico de sí mismo, pues si solo obtiene su significado mediante el rodeo de tener que distinguirse de otros signos, entonces es que no es idéntico a sí mismo, es decir, que no es un signo fijo, sino que permite nuevas adscripciones y un libre juego de los signos: «El juego es el rompimiento de la presencia».[6]

¿Pero qué significa eso concretamente? Teniendo en cuenta estos conocimientos, ¿cómo puede el lenguaje cambiar el mundo? Fue la filósofa norteamericana Judith Butler quien, de forma totalmente revolucionaria, a fines de la década de 1980 transfirió la teoría deconstructiva de los signos de Derrida a la cuestión de los géneros, erigiéndose así en la abanderada de un feminismo totalmente nuevo. La innovadora tesis que ella expone en su obra *El género en disputa* es que «hombre» y «mujer» parecerán determinaciones ontológicas con fundamento natural y conceptualmente inalterables mientras se sigan repitiendo siempre igual y se sigan citando como norma. Dicho de otro modo: el acto lingüístico de la designación inalterada solo genera la apariencia de que existen por naturaleza dos identidades sexuales fijas con un deseo heterosexual. En realidad, según Judith Butler, estas identidades son el efecto posterior de un determinado uso del lenguaje, que excluye de entrada otras posibilidades ontológicas.

6   Id., *Die Struktur, das Zeichen und das Spiel im Diskurs der Wissenschaften vom Menschen*, en *Die Schrift und die Differenz*, Frankfurt del Meno, Suhrkamp, 1972, pp. 422-442; aquí: p. 440.

Dicho con otras palabras: los géneros no son naturales, sino «performativos».[7]

El concepto de performatividad es central en el posestructuralismo. Se remonta hasta los lingüistas John L. Austin y John Searle, y básicamente significa que con un acto lingüístico no solo se designa algo, sino que más bien se efectúa una acción. En frases como «yo te bautizo con el nombre de...» enseguida se ve claramente la fuerza performativa del lenguaje: el bautizo está indisociablemente unido al acto de habla. Pero para Butler (y también para Derrida) esta fuerza eficaz del lenguaje se puede atribuir en general justamente también a enunciados como el de una obstetra tras el nacimiento: «Es una niña». Esta frase no solo constata una circunstancia extralingüística, sino que *hace* algo. Clasifica un cuerpo en una categoría, es más, permite concebir en general el cuerpo:

> Para entender esto —escribe Butler— hay que imaginarse una escena imposible: un cuerpo al que todavía no se le ha dado ninguna definición social, y que por tanto, en sentido estricto, de momento nos es inaccesible, pero que se vuelve accesible en el acontecimiento del nombramiento, de una llamada que lo nombra, de una interpelación que no solo lo «descubre», sino que lo constituye por primera vez.[8]

---

7   J. Butler, *El género en disputa*, Barcelona, Paidós, 2007, p. 275.
8   *Id.*, *Haß spricht. Zur Politik des Performativen*, Berlín, Berlin Verlag, 1998, p. 14.

Un cuerpo empieza a vivir mediante el lenguaje y el acto de la interpelación: se vuelve concebible, identificable, nombrable, y solo así pasa a tener una dimensión social.

Discurso lesivo

Pero si el lenguaje tiene realmente la fuerza de efectuar acciones del modo descrito, entonces forzosamente tiene también la fuerza para vulnerar. «Si el lenguaje puede conservar el cuerpo, al mismo tiempo también puede amenazar su existencia»,[9] escribe Judith Butler en su libro *Habla el odio*. Y ahora, basándonos en lo dicho, podemos calcular hasta dónde llega esta amenaza según Butler: una vulneración lingüística afecta a una persona en lo más hondo, pues si la identidad es un efecto del lenguaje del modo descrito, entonces es lógico que el lenguaje también puede destruirla o negarles de entrada su identidad a las personas, privarlas realmente de su razón de ser. Por ejemplo, la «palabra que empieza por ene» se empleó durante siglos para humillar a las personas, para degradarlas a animales. Interpelar con esta palabra a una persona de piel oscura no es por tanto una nimiedad, una mera pelusa que uno se sacude del hombro. Esa palabra tiene la fuerza de «provocarle al sujeto una angustia mortal o plantearle el problema de si va a sobrevivir o no».[10]

9   *Ibid.*, p. 15.
10 *Ibid.*, p. 14.

Después de esto, ¿no parece obvio reemplazar siempre y en todo lugar el concepto discriminante por «la palabra que empieza por ene»? Si semejante palabra es lesiva o resulta amenazante del modo descrito, entonces se podría concluir que, sencillamente, no debería emplearse nunca. Tampoco en libros infantiles, sobre un escenario teatral ni en este libro, sino nunca.

Parece que el llamamiento al empleo de un lenguaje no sexista pudiera deducirse inmediatamente de la filosofía posestructuralista. Ya sea formulando los términos en todos sus géneros o usando colectivos neutros, si el lenguaje es fundamental para nuestra percepción del mundo, entonces debemos cambiarlo para visibilizar los grupos (mujeres, transexuales) y para darles reconocimiento. ¿O no?

Solo que quien exija «corrección política» de forma tan estricta apenas podrá acogerse a la filosofía deconstructiva de Derrida y de Butler. Es cierto que, según esa teoría, el lenguaje es muy influyente, pues es directamente un acto creativo y, en esa misma medida, del todo político. Pero precisamente porque la estructura lingüística no está fijada en su dimensión significativa, sino que el uso concreto puede modificarla, desde el punto de vista deconstructivo las normas rígidas e independientes del contexto son difícil o incluso totalmente insostenibles. Para anticipar el punto decisivo: la «corrección política» reemplaza el juego deconstructivo por reglas y, de este modo, elimina posibilidades esenciales de resistencia que Butler y Derrida desarrollan en su pensamiento.

Comencemos con la tabuización de palabras. De hecho, en su obra *El odio habla,* Judith Butler se opone expresamente a tales injerencias. Su argumento es que, si se erradican las palabras discriminantes, los grupos respectivos se privan a sí mismos de un potencial esencial para actuar: «Tanto si se censuran determinadas formas de representación como si se restringe el propio ámbito del discurso público, el intento de reglamentar el habla siempre amortigua el impulso político a usar la resistencia efectiva del habla».[11] Para Butler, la resistencia efectiva reside en las propias palabras. Si el significado de las palabras no está fijado de antemano, entonces también puede suceder que el daño que pretende causar el hablante no se produzca: puede suceder que esa intención lesiva fracase y que el destinatario emplee la misma palabra como instrumento de autoempoderamiento. Un ejemplo muy concreto de esto es la designación de *gay*. Durante mucho tiempo esta palabra no expresó otra cosa que una humillación y una discriminación gravísimas. Pero, entre tanto, los homosexuales se han *apropiado* —en el sentido más pleno de la palabra— de este término. En cierto modo, se han apoderado de él para designarse a sí mismos en una muestra de orgullo, y le han dado un significado totalmente nuevo, que connota seguridad en sí mismos y también obviedad: soy gay, ¿y? Esto no significa que hoy no se siga discriminando a los homosexuales ni que el término *gay,*

---

11   *Ibid.*, p. 229.

empleado en determinados contextos, no pueda seguir resultando lesivo. Lo que eso significa es simplemente —para regresar a Saussure y Derrida— que significante y significado no están indisolublemente conectados, y que precisamente el cambio de significado encierra un potencial emancipador. En *Habla el odio,* la propia Butler aduce como ejemplo el término inglés *queer,* con el que durante mucho tiempo se discriminó a los homosexuales y que significa «raro, extraño». Desde entonces el término se ha convertido para los homosexuales en expresión de autoestima. Butler escribe: «La revalorización de un término, como por ejemplo *queer,* indica [...] que se le puede "devolver" el habla a su hablante de una forma distinta, citándola contra sus objetivos originales y provocando así una inversión de los efectos».[12] De ahí se sigue: «La palabra lesiva, en su nuevo uso que destruye su anterior ámbito de repercusión, pasa a ser un instrumento de resistencia».[13]

Sin embargo, en este punto la objeción es obvia: que los propios afectados puedan apropiarse de palabras discriminantes y emplearlas de forma emancipadora no significa forzosamente que estas palabras estén disponibles para todos. Al fin y al cabo, no es lo mismo si el término *gay* lo emplean homosexuales o heterosexuales. En este segundo caso, el uso no tiene por qué ser forzosamente discriminante, pero sí hay que conceder que entonces asume otros matices, y que puede implicar más fácilmente connotaciones discriminatorias.

12   *Ibid.,* p. 27.
13   *Ibid.,* p. 230.

En el caso de «la palabra que empieza por ene» la diferencia resalta aún con mucha mayor claridad. Sin duda, no es lo mismo si el término se usa con orgullo como autodesignación (por ejemplo, en sus numerosas variaciones en el rap o en los libros de James Baldwin) o si lo usan los blancos para designar a la gente de color. ¿Entonces, es que solo debería usarlo, como mucho, la gente de color, y de lo contrario debería eliminarse del todo? ¿Y eliminarse no solo como forma directa de interpelación, sino también como cita? ¿Eliminarse también en las obras de Shakespeare y en los libros infantiles de Astrid Lindgren? En la filosofía de Judith Butler hay dos argumentos en contra de este proceder tan rígido.

En primer lugar, si se tolera semejante censura de las palabras, o si incluso se aboga activamente por tal censura, entonces, desde luego, básicamente solo podrían tabuizarse los términos que uno mismo considera emancipatorios. Butler aduce como ejemplo el término «aborto», que los activistas a favor de la vida querrían eliminar, a ser posible por completo. En este contexto, pensemos en el debate que también en nuestro país se ha producido sobre la propaganda que las consultas ginecológicas hacen de ese servicio. En suma, si se sopesa la posibilidad de tabuizar o incluso de censurar, entonces esa posibilidad deben tenerla todos los bandos, ya sean progresistas o reaccionarios.

En segundo lugar, si es cierto que el significado de un signo no está fijado para siempre, sino que depende básicamente de su uso y de su contexto, entonces, en última instancia, eso también deberá valer cuando personas no afectadas emplean determinados signos. Dicho con otras palabras: el llamamiento que hace Butler y también Derrida es un llamamiento a la sensibilidad para el contexto. ¿En qué marco, en qué tipo de ámbito público se emplea un término? ¿Quién lo emplea y cómo? ¿Se pronuncia «la palabra que empieza por ene» en un escenario teatral para caracterizar a un personaje como racista, o en plena calle como una interpelación directa?[14] La propia Butler admite de manera expresa contextos jurídicos y políticos donde (forzosamente) se repiten términos discriminatorios para señalar su efecto lesivo. Según Butler, aquí ya está cambiando algo, gracias a «que en el discurso propio este habla se convierte en cita, y de este modo se sale de sus contextos anteriores o entra en nuevos contextos».[15] ¿Y no se daría también un contexto nuevo de este tipo, por ejemplo, si en los libros infantiles se añadieran las respectivas explicaciones o clasificaciones para los términos problemáticos?

En tercer lugar, aunque es obvio que los grupos afectados por las discriminaciones pueden y deben diferenciarse de los grupos no afectados, si se insiste tenazmente en la distinción se corre riesgo de conseguir exactamente lo que la deconstrucción, en realidad, quería evitar: guste o no, se fijan identidades y se insiste en diferencias insuperables. Un ejemplo de eso es, por ejemplo, la crítica a la «apropiación cultural». Eso se refiere a situaciones en las que los miembros

---

14   Sobre esto, cf. también B. Stegemann, *Die Öffentlichkeit und ihre Feinde*, Stuttgart, Klett-Cotta, 2021, p. 158.
15   J. Butler, *Haß spricht, op. cit.*, pp. 26-27.

de grupos privilegiados (no afectados) se apropian de rasgos de grupos oprimidos (afectados). Por ejemplo, cuando los blancos se hacen peinados o llevan ropa que son típicos de gente de color se está produciendo de hecho un robo cultural. De manera similar, se duda de que escritores blancos se puedan meter en la realidad y en la identidad de la gente de color: el reproche es que, de este modo, en último término solo se quiere sacar provecho de una opresión que uno mismo ha causado. Pero por muy legítima que sea tal sensibilización en vista de la historia colonial, llevada con tal rigidez solo provoca que el juego posestructuralista vuelva a convertirse en estructuralismo fijo. En lugar de entender las identidades culturales como abiertas e híbridas, ellas son separadas limpiamente unas de otras, y de este modo quedan firmemente fijadas: aquí blanco, ahí negro (sobre esto véase también el capítulo VII).

AMBIVALENCIA DEL LENGUAJE

En la lucha por las designaciones opera una dialéctica que hace que en esa contienda las identidades se consoliden, en lugar de disolverse lúdicamente o quedar desenmascaradas como puramente performativas. La figura del *drag,* el travesti, es para Judith Butler símbolo y realización de este juego. El travesti es alguien que se escenifica como género, con la ropa, el movimiento, la gestualidad y la mímica, y que de este modo, según Butler, exhibe literalmente el carácter performativo del género y de las normas heterosexuales: «Afirmar que todo género es como el travesti o está travestido sugiere que la "imitación" está en el corazón mismo del proyecto heterosexual», explica la filósofa en su libro *Cuerpos que importan*.[16] El travesti exhibe que la heterosexualidad no es una propensión natural, sino que se basa en la imitación y la repetición de normas de conducta. Para Butler, la naturalidad no es más que un efecto posterior de la constante imitación.

Pues bien, si se considera la cuestión del género desde este juego paródico, el masculino genérico en su independencia genérica queda de pronto bajo una luz totalmente distinta. Desde el punto de vista posestructuralista, ¿no radica su neutralidad justamente en que prescinde de identificaciones genéricas? «Maestros» en vez de «maestros y maestras», «los conductores de autobús» en lugar de «los conductores y las conductoras de autobús»: lo esencial de la designación no es el género, sino lo que hacen. Es innegable que uno de los logros de la emancipación es que las personas no son reducidas a su género, sino que son reconocidas por lo que pueden hacer y hacen. Si se lograra establecer el masculino genérico como una praxis universal de designación independiente del género, lo que de hecho ya es en un sentido puramente formal, ¿no ofrecería entonces un sorprendente potencial emancipador, precisamente por su poder general de designación, que no se refiere solo a grupos aislados, sino a todos?

16 *Id., Cuerpos que importan. Sobre los límites materiales y discursivos del «sexo»*, Barcelona, Paidós, 2002, p. 184.

Para una pensadora como Butler, que en este punto sabe que puede apoyarse en la larga tradición del giro lingüístico, el lenguaje es la condición de posibilidad de nuestra existencia: estamos arrojados en él, y en tal medida siempre nos supera y, simplemente, es más poderoso que nosotros. La política lingüística contemporánea, por el contrario, considera el lenguaje como un objeto que se puede instrumentalizar, que se puede modificar mediante intervenciones intencionadas en su *hardware*. Pero la pretensión de reflejar de hecho a todos los grupos e identidades topa con unos límites de la lógica lingüística que son claramente designables. Bien mirado, es imposible hallar una representación gramatical adecuada para todas las identidades concebibles y que les conceda los mismos derechos. Quien no encaja en las categorías masculina ni femenina, desde el punto de vista de la lógica de la representación acaba, le guste o no, en la indefinición del «diverso»: ¿es eso justo y adecuado, o vuelve a ser una jerarquización?

Tanto más útil es recordar aquí de nuevo la tesis fundamental del giro lingüístico, en el que, después de todo, se basa en realidad la política lingüística: como sistemática general a la que de entrada debemos acogernos todos, el lenguaje no acierta a reflejar lo particular. Precisamente de este desacierto nace la literatura que busca ser todo lo precisa posible… para en último término fracasar. Y justamente en este fracaso reside la libertad de hallar continuamente formas nuevas. Esta búsqueda lúdica es paralizada por las demandas de representación.

Sin embargo, muchos sienten que no hay derecho a tales exigencias normativas como las que expone Butler: ¿las demandas de emancipación dirigidas a otros no son por sí mismas una arrogación porque cada persona tiene una realidad totalmente específica y unos umbrales de vulnerabilidad enteramente propios? Eso nos conduce a la pregunta más fundamental de hasta qué punto estamos en condiciones de ponernos en la situación de otros. ¿Saben los no traumatizados cómo sienten los traumatizados? ¿Tienen los hombres idea de lo que sienten las mujeres? ¿Pueden los blancos ver el mundo con los ojos de una persona de color? ¿Quién puede pronunciarse en general sobre qué preguntas? ¿Dónde acaba el poder de la compasión empática? El siguiente capítulo abordará un problema que hasta ahora solo hemos rozado: los límites de la empatía.

VII. LOS LÍMITES DE LA EMPATÍA

Las personas ven el mundo de formas muy distintas. En algunos casos, las perspectivas difieren tanto que parece imposible que las personas puedan entenderse entre sí. No ven lo mismo. Desde posiciones distintas las cosas se ven muy diferentes.

Reni Eddo-Lodge nació en Londres en 1989 y tiene la piel negra. «No puedo seguir enfrentándome al abismo de la desconexión emocional que las personas blancas exhiben cuando una persona de color articula su experiencia», cuenta la periodista en su galardonado libro *Por qué no hablo con blancos sobre racismo*. «Su mirada se apaga y se endurece. Es como si alguien echara melaza en sus oídos y bloqueara sus canales auditivos. Es como si ya no pudieran oírnos».[1]

Lo que Eddo-Lodge describe aquí es lo contrario de la empatía: cerrarse de forma prácticamente corporal y negarse psíquicamente a adoptar la perspectiva de

---

1   R. Eddo-Lodge, *Por qué no hablo con blancos sobre racismo*, Barcelona, Península, 2021, p. 19.

otra persona. «Esa desconexión emocional es la consecuencia de vivir ajenos al hecho de que el color de su
piel es la norma, y de que todos los demás colores se
desvían de ella»,[2] sigue criticando Eddo-Lodge pensando en los *white privileges* o privilegios de los blancos, de
los que no son conscientes quienes los tienen. Según la
autora, los blancos están atrapados en la superstición de

> que las experiencias que han vivido como conse-
> cuencia del color de su piel pueden y deben ser uni-
> versales. No soy capaz de seguir enfrentándome a la
> actitud defensiva de los blancos ni a su desconcierto
> cuando se enfrentan al hecho de que no todo el
> mundo experimenta el mundo de la misma forma en
> que ellos lo hacen. […]. No quiero seguir teniendo
> ese tipo de conversación porque a menudo llegamos
> a ella desde lugares completamente distintos.[3]

Las palabras de la joven mujer negra son claras… y sin
embargo plantean preguntas: ¿de qué tipo de «abismo
comunicativo»[4] se está hablando aquí? ¿Se debe simplemente a una arrogante reticencia a ponerse en el
papel de otro para percibir las cosas como ella ¿O
hay aquí más cosas implicadas? ¿En última instancia,
una persona de piel blanca, por mucho que se esfuerce, nunca podrá saber qué es ser una persona de
color?

2   *Ibid.*
3   *Ibid.*, pp. 19-21.
4   *Ibid.*, p. 21.

En un pasaje de su libro, Eddo-Lodge narra una situación que, en efecto, permitiría sacar esta última conclusión: la autora cuenta que años atrás, para ahorrar dinero, hacía en bicicleta la mitad del camino al trabajo, y entonces se dio cuenta de que en muchas estaciones no había ascensores ni rampas. Eso le hizo comprender por primera vez cómo tienen que experimentar el mundo

> las personas que empujaban carritos, iban en silla de ruedas o tenían problemas de movilidad y se desplazaban con andadores o bastones. Antes de tener mis propias ruedas que transportar, jamás me había percatado del problema. Había vivido al margen del hecho de que esa falta de accesibilidad afectaba a centenares de personas. Y solo cuando el problema se convirtió en algo que me afectaba a mí empezó a enfurecerme.[5]

Esta pequeña escena muestra que lo único que hace posible la empatía y permite ponerse en el lugar de otro es la experiencia de una determinada situación, o dicho de otro modo, que esa situación le afecte a uno mismo. Solo que tal cambio de perspectiva como el que hace aquí Eddo-Lodge no siempre es posible. Un blanco no puede probar a meterse en una piel negra, ni por tanto experimentar qué se siente al estar en ella y tener que soportar «que a uno lo miren mal»,[6] o incluso al tener que sufrir violencia verbal o física a causa del aspecto.

5 *Ibid.*, pp. 101-102.
6 *Ibid.*, p. 99.

Que los límites de la empatía pueden basarse en algo más que *solo* en la desgana o en la pereza (lo cual no significa que estos factores no desempeñen también un papel) es algo a lo que apuntan también los duros debates sobre la «apropiación cultural». Con este concepto se critica la circunstancia de que, por ejemplo, los autores, los traductores o los cineastas trabajan con un material del que nada pueden saber por experiencia propia, para luego encima —siguiendo con el reproche— enriquecerse con esta ignorancia: hacer dinero contante y sonante con el sufrimiento de otros, un dinero que, en realidad, habrían merecido quienes conocen ese sufrimiento desde dentro.

Uno de los muchos ejemplos que se podrían aducir aquí es el debate que se produjo en 2021 en torno a la poeta afroamericana Amanda Gorman. En la investidura de Joe Biden, Gorman recitó su poema *La colina que escalamos,* tras lo cual se vendieron los derechos por todo el mundo. Cuando una editorial holandesa encargó la traducción a la renombrada autora Marieke Lucas Rijneveld, llovieron las críticas. No solo se habría ninguneado a las traductoras negras al no encargarles la traducción a ellas, sino que, a propósito de eso, se criticó que una persona de color habría sido más apta. Al fin y al cabo, una persona blanca no tiene el mismo mundo de experiencias que una negra. Al final, Rijneveld acabó cediendo a la presión pública y renunció a la traducción.

O la discusión desatada en torno al superventas *Tierra americana*. La escritora estadounidense Janine Cummins narra en su libro la historia de la mexicana Lydia, que tras un grave atentado de la mafia mexicana contra su familia quiere huir con su hijo a Estados Unidos. Inicialmente el libro fue muy encomiado en los ambientes literarios. Se vendieron los derechos para llevarlo al cine y se publicaron sucesivas reediciones. Pero tras las protestas de críticos literarios latinoamericanos se desencadenó un linchamiento digital. La editorial dio marcha atrás y se disculpó por su insensibilidad con la comercialización del libro. También en otros ámbitos artísticos hubo y hay casos similares. Por ejemplo, la actriz Scarlett Johansson, que en la vida real es heterosexual, renunció en 2018 a su papel de transexual en la película *Rub & Tug,* después de recibir fuertes críticas por parte de la comunidad de transexuales. Ya un año antes, en los ambientes artísticos neoyorquinos se había desatado una fuerte discusión sobre el cuadro *Open Casket,* de la artista blanca Dana Schutz. Schutz muestra en su cuadro el cadáver de Emmet Till, un niño de color de catorce años que en 1955 fue asesinado por dos blancos. Los críticos llegaron incluso al extremo de exigir la destrucción del cuadro, porque un blanco estaba comercializando el sufrimiento de la gente de color. La propia Dana Schutz, según relata la revista de arte *Monopol,* reaccionó con estas palabras a la protesta: «No sé qué supone para un negro vivir en Estados Unidos. Pero sí sé qué supone ser madre. Emmett era el único hijo de su madre. Pinté el cuadro porque sentía compasión por la madre de la víctima».[7] Esta mención de la artista a la experiencia compartida de la maternidad recuerda al

7   https://www.monopol-magazin.de/proteste-gegen-das-bild-einer-weissen-kuenstlerin [último acceso: 28/06/2022].

filósofo británico David Hume, cuya teoría de la compasión expusimos en el capítulo III de este libro. Hume se basa en que, en virtud de nuestra humanidad, es decir, de nuestra afinidad, podemos empatizar con otros.

Sin embargo, alguien como Reni Eddo-Lodge objetaría ahora: ¿no son justamente tales teorías la prueba del más burdo universalismo blanco? ¿Pues qué significa aquí afinidad? Desde luego todos somos personas. Pero nuestras experiencias y nuestros bagajes culturales son distintos. Quien obvia esta diversidad proyecta sobre todos su propio mundo de experiencias de una manera directamente narcisista, y de este modo repite la historia colonial. Por otro lado, cabría preguntar qué relación tiene la empatía que describe Hume con la capacidad de ponernos realmente en el lugar de otros. Cuando Hume habla de empatía, se refiere a un contagio sentimental entre seres similares que se reconocen cada uno en el otro, y que por eso se entristecen cuando ven a alguien que está triste. Pero ponerse realmente en el lugar de otro significa más que eso: significa ver el mundo con los ojos de otro. ¿Es eso posible?

Uno tendería a decir que, por supuesto, sí. Después de todo, no solo los actores se meten en sus papeles, sino también los escritores en sus personajes. Es más, tal como expusimos en el capítulo III, ¿no fue justamente el mérito de autores masculinos como Richardson o Rousseau hacer que con sus novelas epistolares un amplio público tuviera acceso a los mundos femeninos, liberando así en una medida considerable la fuerza de la empatía? Por no hablar de novelas como *Anna Karenina, Effi Briest* o *Madame Bovary,* que, escritas todas ellas por autores masculinos, exponen narrativamente cómo sufrían las mujeres bajo las estructuras patriarcales de aquella época.

«Me cuesta ya tomarme en serio el debate», dice en este sentido el escritor Bernhard Schlink sobre la discusión de la «apropiación cultural». Desde luego, el autor del superventas mundial *El lector* admite que no es fácil para un autor ponerse en el lugar de otra persona.

> En un primer momento quise escribir mi primera novela negra desde la perspectiva de una mujer, pero finalmente desistí. Pensaba que no podía meterme lo bastante en el papel de una mujer, sentir lo que siente una mujer que tiene la regla o que está delante de un espejo maquillándose para las miradas que le lanzarán ahí fuera. Hoy no me atrevería a escribir sobre un negro, pues no conozco bastante su mundo. En fin, cuando se escribe sobre personas de otros mundos es fácil que salga mal. Pero podría resultar. Hace falta conocimiento y empatía. No puedo entender por qué debería estar prohibido.[8]

Todo esto parece evidente. Pero aquí debemos hacer el intento de averiguar si, después de todo, no tendrán algo de razón —y si la tienen, en qué exactamente— aquellos que señalan los límites de la empatía. Al fin y al cabo, en el capítulo III mostramos que también es problemático el modo en que Rousseau, pese a toda

---

8   B. Schlink y S. Schmetkamp, «Die Grenzen der Einfühlung», *Philosophie Magazin* 2/2021, pp. 32-37; aquí: p. 36.

su empatía, describe al personaje de Julia. La mujer se convierte en plano de proyección, en objeto de una mirada masculina, de modo similar a como, durante la época colonial, las culturas distintas se convirtieron en planos de proyección para los etnólogos blancos que, con su poder interpretativo, literalmente escribían la historia. En ambos casos se trata del poder discursivo y de la pregunta de qué historia pertenece a quién, de quién tiene el derecho a narrarla. ¿Qué se habría perdido el mundo si los grupos marginalizados no hubieran empezado a exponer por sí mismos sus puntos de vista y a desarrollar sus propias fantasías?

Estas literaturas tienen un valor incalculable, porque amplían el horizonte y abren nuevas perspectivas. Y sin embargo, aquí vuelve a plantearse la pregunta por los límites de la empatía, en esta ocasión desde la perspectiva del lector: ¿me hacen realmente capaz a mí, mujer centroeuropea blanca, de ver el mundo con nuevos ojos? Supongamos que leo numerosos libros de autores negros, que estudio a fondo la historia colonial y la historia de la esclavitud y que mantengo innumerables conversaciones con gente de color. Sin duda, así logro hacerme una idea de cómo se sienten las personas de color en la sociedad actual. Pero en la realidad puede suceder que me encuentre por el pasillo con un compañero de color que me diga: no me entiendes. No sientes lo que siento yo. Frases que no solo se dicen alguna que otra vez en contextos interculturales, sino también en toda relación de pareja al cabo de los años.

Aquí nos hallamos ante un problema gnoseológico, e incluso ontológico, pues, por mucho que me esfuerce por asumir una perspectiva distinta, simplemente no puedo *ser* otro. La subjetividad de las vivencias ajenas me resulta, en última instancia, inaccesible. Con esto habríamos topado con una de las máximas dificultades dentro de la teoría del espíritu.

YO CERRADO: THOMAS NAGEL Y JEAN AMÉRY

En su artículo mundialmente famoso «¿Qué se siente siendo un murciélago?», el filósofo norteamericano Thomas Nagel analiza eso que se llama reduccionismo. Las teorías reduccionistas tratan de disolver el antiguo problema cuerpo-alma a favor del punto de vista materialista: en lugar de suponer algo difusamente metafísico como el alma, se intentan explicar los procesos psíquicos mediante datos objetivos, por ejemplo mediante determinados procesos que se producen en el cerebro y que se puedan plasmar en imágenes y medir. Nagel se opone a esta explicación reduccionista de la conciencia y remite al «carácter subjetivo de la experiencia», que, según él, «no es registrado por ninguno de los consabidos análisis reductivos de lo psíquico que se han desarrollado recientemente».[9] ¿Cómo habría de ser posible plasmar la experiencia subjetiva del mundo, que «está asociada con una perspectiva particular», en una «teoría física objetiva»?[10]

9   T. Nagel, *What Is It Like to Be a Bat? Wie ist es, eine Fledermaus zu sein?*, Stuttgart, Reclam, 2016, pp. 10-11.
10   *Ibid.*, p. 13.

Para ilustrar de forma especialmente plástica esta imposibilidad, Nagel recurre a un ejemplo del mundo animal: el murciélago. De los murciélagos sabemos que se orientan por medio del radar y del ecosondeo. Se trata de una forma de percepción radicalmente distinta de la nuestra. ¿Cómo podemos saber, pregunta Nagel, qué se siente siendo un murciélago? «De nada servirá que uno se imagine que tiene alas cartilaginosas en los brazos, que le permiten revolotear al anochecer y al amanecer, mientras va cazando insectos con la boca; que uno tiene la vista débil y percibe el entorno mediante un sistema de señales acústicas reflejas en las zonas de alta frecuencia; y que uno se pasa el día colgado de los pies boca abajo en una buhardilla. En la medida en que yo puedo imaginarme eso (lo que no es demasiado difícil), solo sé qué significaría *para mí* comportarme como se comporta un murciélago. Pero esa no es la pregunta. Lo que quiero saber es qué significa *para un murciélago* ser un murciélago».[11]

En fin, un murciélago es una forma de vida totalmente distinta. Pero, en último término, tampoco las personas pueden llegar a saber qué se siente *siendo* otro. No solo estamos metidos en cuerpos distintos, sino que también cargamos con historias diversas. La subjetividad de la vivencia no se puede registrar exhaustivamente mediante datos ni con el lenguaje, como señala Thomas Nagel: «Solo podemos llegar a tener un concepto esquemático de cómo *es* eso».

11   *Ibid.*

Desde una perspectiva existencial, nadie ha acertado a describir este hueco insalvable de forma tan clara y a la vez tan trágica como Jean Améry. Durante la época del nacionalsocialismo, el escritor austríaco de origen judío es encarcelado y torturado varias veces. En 1944 lo deportan a Auschwitz. Améry sobrevive. Pero sus heridas psíquicas no sanan. En 1976 sale publicado su libro *Levantar la mano sobre uno mismo. Discurso sobre la muerte voluntaria,* donde describe así la subjetividad radical de una persona deseosa de morir:

> Para el ser humano que se acerca a la muerte, sin embargo, la situación es diferente. Las circunstancias objetivas no le afectan. No percibe la sedimentación de materia en los vasos coronarios, sino que siente «un peso sobre el pecho» que solamente conoce él y del que los demás, incluidos sus médicos, no saben nada. Su Yo, del que se puede distanciar mediante la razón, escuchando a los expertos que le dan explicaciones y conociendo con mayor o menor precisión lo que objetivamente sucede en su cuerpo, queda al mismo tiempo también herméticamente encerrado en sí mismo y rehúsa la entrada a quien sea: la traducción del lenguaje objetivo al lenguaje del sujeto nunca se logra por completo.[12]

Tampoco para Améry se puede comunicar objetivamente la vivencia subjetiva: nadie puede saber, nadie

12   J. Améry, *Levantar la mano sobre uno mismo. Discurso sobre la muerte voluntaria,* Valencia, Pre-textos, 2005, p. 45.

puede sentir lo que siente un suicida. Lo que experimenta tampoco se puede traducir con el lenguaje. Lo que siente un suicida está encerrado en él.

Perspectiva del afectado y teoría del punto de vista

Solo poco tiempo después, en 1987, Jean Améry escribe una carta abierta al escritor y periodista Sebastian Haffner, en la que rechaza la «posibilidad de objetivar la historia experimentada».[13] El motivo de fondo es una publicación de Haffner sobre Hitler, que Améry rechaza por ser demasiado fría («Creo que usted se precipita con su objetividad»),[14] remitiéndose a sus propias experiencias subjetivas como víctima del nacionalsocialismo y al modo en que eso le afectó personalmente como judío. «Sus heridas han cicatrizado», escribe Améry a Haffner, el cual, aunque tuvo que emigrar a Londres, precisamente por eso nunca hubo de sufrir las torturas de los presos de los campos de concentración.

Ninguna piel nueva que haya vuelto a crecer cubre mis heridas, y cuando la piel quiere cicatrizarse yo la desgarro, porque sé que bajo ella prosigue el proceso de supuración. Y eso me da una ventaja sobre

13 *Id.*, «Hitler und wir. Offener Brief an Sebastian Haffner», *Merkur*, agosto 1978, cuaderno 363, pp. 838-841; aquí: p. 838.
14 *Ibid.*, p. 839.

usted: no porque alegue algo que no es mérito, sino puro destino casual; sino porque la realidad del Tercer Reich permaneció más viva en mí como infección.[15]

Esta vitalidad del horror, que impide la cicatrización de las heridas, le permite a Améry percibir «más nítidamente ciertos síntomas»,[16] y lo preserva de una «desmitificación [...] objetiva» de Hitler, que «en realidad no es más que una nueva y peligrosa mitificación»: «La historia vivida —dice el filósofo en su carta— es más real que una historia consignada historiográficamente, y el contemporáneo que se distancia de la experiencia se separa de la realidad y al mismo tiempo se enajena de su propio destino».[17]

Finalmente, Améry sucumbirá a sus heridas anímicas. Todavía el mismo año en que el escritor se dirige a su colega Haffner con estas líneas, se quita la vida.

En la carta de Améry hay muchas cosas notables. Por ejemplo, la imagen de la piel que continuamente se vuelve a desgarrar plantea de nuevo la pregunta por la relación dialéctica entre vulnerabilidad y resiliencia, que analizamos en el capítulo II de este libro. Améry tiene que impedir intencionadamente la sanación de su herida, como él escribe, para mantener a la luz el «proceso de supuración». Siempre hay que volver a rascarla para abrirla y que pueda salir la presión, porque esa herida no se puede expresar de otro modo. Tenien-

15   *Ibid.*
16   *Ibid.*
17   *Ibid.*, p. 840.

do en cuenta esto, no habría mayor imprudencia que novelizar o tratar de embellecer la herida como fuente fiable de creación artística. Más bien hay que verla en su amenazadora y cambiante ambivalencia, que está abierta hacia ambos lados: como potencia creativa y como fuerza destructiva.

Pero para la cuestión de la empatía hay otro aspecto central: la mayor nitidez visual que según Améry tiene la perspectiva de los afectados y que, a su vez, recuperan las llamadas teorías de los puntos de vista. Estas teorías tienen también un papel importante en el feminismo. «Dicho brevemente, la argumentación mantiene que la preponderancia social de los hombres es causa de concepciones y nociones parciales y pervertidas, mientras que las mujeres, a causa de su posición subordinada, son capaces de desarrollar nociones más completas y menos pervertidas»:[18] así describe Sandra Harding esta forma de teoría feminista de la ciencia. Las teorías del punto de vista se basan en que las personas de grupos oprimidos tienen un acceso más profundo y más objetivo a determinados ámbitos del mundo vital que las personas que no sufren ninguna opresión. Los científicos que, como Haffner, solo conocen el sufrimiento desde fuera, flotan olímpicamente por encima de las cosas, o más exactamente, ocultan que están ligados a su propia ubicación, disimulan su pertenencia al grupo de los no afectados y los privilegiados, y por eso da la impresión de que mantienen una objetividad científica irrebatible.

18   S. Harding, *Feministische Wissenschaftstheorie. Zum Verhältnis von Wissenschaft und sozialem Geschlecht*, Hamburgo, Argument, 1991, p. 24.

Pero en realidad no alcanzan su objeto, y a la fuerza debe ser así, pues no lo conocen por propia experiencia. Las personas de grupos dominados, por el contrario, poseen esta perspectiva interior, están en las cosas y han padecido el sufrimiento en sus propias carnes.

La referencia filosófica central de la teoría del punto de vista es el famoso capítulo del amo y el esclavo en la *Fenomenología del espíritu* de Hegel:[19] el esclavo oprimido guarda una relación inmediata con los objetos, los elabora infatigablemente, sufre y posterga sus deseos, mientras que el amo (igual que el científico) no tiene ningún tipo de contacto con esta realidad y se limita a disfrutar de lo que le prepara el esclavo. Pero es solo el esclavo, y no el señor, el que recorre el camino hasta el espíritu universal objetivo, pues solo el esclavo puede alcanzar conocimientos superiores a base de lidiar con el mundo, y solo él conoce las dependencias que lo marcan.

Hoy, al cabo de décadas de una cultura del recuerdo, queda totalmente claro lo importante que era que personas como Améry se pronunciaran para señalar el valor irrenunciable de la perspectiva de los afectados. Si no conociéramos las experiencias de quienes sobrevivieron a los horrores de los campos de concentración, apenas tendríamos una noción sumamente rudimentaria de los años más oscuros de la historia de la humanidad. También en vista del racismo y del sexismo actuales parece indiscutible que los afectados disponen

19 G.W.F. Hegel, *Fenomenología del espíritu*, México, FCE, 1966, pp. 117 ss.

de un saber exclusivo y necesario a toda costa para el progreso del conocimiento: son ellos quienes viven en sus propias carnes aquellas experiencias que otros solo pueden describir desde fuera.

Pero una cuestión distinta es si la perspectiva de los afectados es la única que puede pretender ser legítima, o qué relación guardan entre sí la visión desde dentro y la visión desde fuera. Ya para Hegel no es únicamente el esclavo quien se eleva hasta el espíritu universal. Por eso, la clave dialéctica de la *Fenomenología del espíritu* es, precisamente, que el camino hacia la objetividad solo puede recorrerse en una constante confrontación crítica con una perspectiva distinta: lo que para mí es verdadero en seguida resulta ser falso, y así es como la autoconciencia va escalando niveles progresivamente superiores del conocimiento.

Sin embargo, desde la lógica de la teoría del punto de vista se deduce una clara priorización de la perspectiva de los afectados. Por ejemplo, constantemente se exige que los hombres no se pronuncien sobre cuestiones relativas a la interrupción del embarazo. Después de todo, según el punto de vista de la teoría del punto de vista, esas cuestiones no afectan al cuerpo masculino.

Si encima los no afectados pertenecen al grupo de los causantes del sufrimiento, entonces una participación discursiva resulta casi imposible, o en todo caso se reduce de entrada a una mera participación empática. Por ejemplo, en la fase culminante del debate del *Me Too* a menudo se exigió enérgicamente que los hombres no se formaran directamente una opinión (crítica), sino que primero escucharan, para así poder ponerse —en la medida de lo posible— en el lugar de las mujeres. De este modo, se aprecia que, al parecer, las perspectivas de los no afectados se perciben como problemáticas sobre todo cuando divergen descriptiva y normativamente de las perspectivas de los afectados. Mediante la compasión, los no afectados pueden participar mucho más fiablemente del discurso. Por eso, a raíz del movimiento *Me Too,* también muchos hombres señalaron que ellos mismos tienen el deber de escuchar y de «ahondar críticamente en sí mismos» para transformar la sociedad, no mediante el duro conflicto entre diferentes puntos de vista, sino por medio de la «empatía».[20]

Empatía y pérdida del yo

Contención en lugar de confrontación, sensibilidad en lugar de dureza, comprensión en lugar de delimitación: ¿qué se podría objetar a esta participación empática? Pero si se mira más atentamente, se aprecia el peligro de una auténtica pérdida de la perspectiva: ese observador atento y empático que aquí se exige ser ya no tiene ninguna visión propia de las cosas, porque su visión se reduce a las opiniones de los demás. En su obra *Más allá del bien y del mal,* Friedrich Nietzsche

20   Cf. por ejemplo la columna de G. Diez en el SPIEGEL, https://www.spiegel.de/kultur/gesellschaft/metoo-debatte-warum-ist-es-so-still-in-deutschland-kolumne-von-georg-diez-a-1180186.html [último acceso: 28.06. 2022].

analizó este tipo de persona respetuosa, que con toda su sensibilidad orienta sus antenas al mundo y, a causa de ello, pierde completamente su yo —al menos según la tesis de Nietzsche—. Dicho de otro modo: con su deseo de ser objetivo se acaba borrando a sí mismo. En el parágrafo 207 de la sexta parte se dice de forma totalmente devastadora:

> En efecto, el hombre objetivo es un espejo: un espejo puesto ante todo lo que quiere ser reconocido, un espejo acostumbrado al sometimiento, sin más placer que el que proporciona el reconocer y el «reflejar». Aguarda hasta que llega algo, y entonces se extiende con delicadeza, para que las huellas ligeras y los deslizamientos de seres fantasmales tampoco se pierdan sobre su superficie y su piel. Lo que todavía queda en él de «persona» le parece casual, a menudo arbitrario, y más a menudo aún molesto: hasta tal punto se ha convertido en un lugar de paso y en un reflejo de figuras y acontecimientos ajenos. [...] Su alma reflectante y eternamente satinada ya no sabe afirmar ni negar; él no ordena; y tampoco destruye. [...] El hombre objetivo [...] no es un fin, un punto de partida ni un apogeo [...] ni menos aún un comienzo [...]; más bien se trata de un mero recipiente de formas, un recipiente frágil, abotargado, fino y maleable [...] un hombre «desinteresado».[21]

21   F. Nietzsche, *Más allá del bien y del mal*, en *Obras completas IV*, Madrid, Tecnos, 2016, pp. 372-373.

Lo que aquí se describe es una receptividad empática absolutizada. Todo debe percibirse y asimilarse con sensibilidad, lo cual conduce —así lo formula Fritz Breithaupt en su libro *Las caras ocultas de la empatía,* en relación con el pasaje citado— a una «dilución de la persona»:[22] una autonegación que consiste en que uno se prohíbe a sí mismo adoptar una posición propia. «Por tanto, la identidad consiste en no tener identidad»,[23] dice Breithaupt resumiendo las explicaciones de Nietzsche. «La persona es capaz de empatía en la medida en que pierde su yo o lo depone».[24]

En suma, a lo que Breithaupt y Nietzsche apuntan es al peligro de que pueda darse un exceso de empatía. Hasta tal punto se está de parte del otro, hasta tal punto se comparte su visión de las cosas, que en último término la empatía ya no aporta ningún conocimiento.

¿Qué hacer entonces? ¿Cuál es el modo adecuado de dirigirse a una persona que necesita el buen consejo de un amigo?

SIENTO LO QUE TÚ NO SIENTES

Imaginémonos una situación concreta en el contexto del movimiento *Me Too:* una noche, tomando vino tinto en un bar, una mujer le cuenta a una buena amiga un incidente que ha tenido en su oficina. Llamemos

22   F. Breithaupt, *Die dunklen Seiten der Empathie*, Berlín, Suhrkamp, 2019, p. 47.
23   *Ibid.*, p. 49.
24   *Ibid.*, p. 51.

Lisa a la mujer que cuenta el incidente. Su amiga que la escucha se llama Sabina.

Lisa cuenta que un compañero de trabajo la ha piropeado en el pasillo, algo que a ella le ha desagradado. Pero en vez de expresar su malestar, ha sido «tan tonta de sonreír». Entonces el compañero le ha rozado la cadera, lo que para ella ha sido un «claro caso de acoso» y la ha «asustado realmente». Lisa dice que su compañero le parece «realmente desagradable», y se está pensando seriamente si denunciar el incidente a la delegada de las mujeres. ¿Será eso lo correcto?

La amiga Sabina puede adoptar ahora dos perspectivas posibles. Como dice la filósofa Susanne Schmetkamp, puede pronunciarse «centrándose en el yo» o «centrándose en el tú».[25] En la modalidad de centrarse en el yo, Sabina se ve a sí misma, con su constitución específica, *en el lugar de* Lisa: ¿qué haría ella misma, Sabina, si estuviera en la situación de Lisa? Supongamos que Sabina sabe marcar los límites mucho mejor que Lisa y que es capaz de plantar cara con más confianza en sí misma: «Yo en tu lugar —diría ella— pondría las cosas claras yo misma. Tú le has sugerido a tu compañero que te parecía bien su acercamiento, así que ahora tendrás que apañártelas sola por haberte metido tú misma en un lío. ¡Sé más tajante con él la próxima vez!». Desde luego, esta reacción revela una relativa falta de sensibilidad y demuestra tener poca capacidad de empatía. Lisa se quedará posiblemente muy decepcionada de su amiga.

25 S. Schmetkamp, *Theorien der Empathie zur Einführung*, Hamburgo, Junius, 2019, p. 130.

Muy distinta es la perspectiva «centrada en el tú». Aquí Sabina no se ve a sí misma en el lugar de la amiga que lo está pasando mal, sino que se imagina —en la medida de lo posible: recordemos el problema del murciélago anteriormente comentado— que ella misma *es* Lisa: «Yo en tu lugar recurriría, por supuesto, a la ayuda de la delegada de las mujeres», diría entonces la amiga. «No tienes carácter para poder defenderte tú sola en una situación así. Tampoco lo tienen muchas mujeres, a las que también protegerás si das ese paso. No quiero que te vuelva a pasar algo parecido o incluso algo peor».

En las investigaciones sobre la empatía se considera comúnmente que esta perspectiva «centrada en el tú» es más difícil, pero también más valiosa éticamente: «En la perspectiva centrada en el tú se trata de hacer propia, en la medida de lo posible, la otra perspectiva. Esto presupone mayor flexibilidad y sensibilidad, pero también más información y más conocimientos»,[26] escribe Susanne Schmetkamp, y destaca que la perspectiva del yo se considera egocéntrica, mientras que la perspectiva del tú es «alocéntrica, puesto que todos debemos distanciarnos de nosotros mismos».[27]

Pero alguien como Nietzsche replicaría aquí preguntando de qué le sirve a Lisa el consejo de una amiga capaz de ponerse hasta tal punto en su lugar que, al final, le dice a la que recibe el consejo lo que esta última ya sabe: que es demasiado tímida y recatada y que, por

26 *Ibid.*, p. 132.
27 *Ibid.*, p. 133.

eso, no está en condiciones de defenderse. Planteándolo en general: ¿qué valor cognoscitivo tiene un consejo que no hace más que confirmar a una persona en lo que ya es ahora, porque quien lo da es capaz de ponerse lo máximo posible en su lugar? Si yo fuera tú…, dice Sabina. ¡Sí —podría objetar Lisa con razón—, pero es que yo ya soy yo! Mirándolo así, ¿no es más bien la perspectiva egocéntrica del yo la que mueve a reflexionar sobre la propia situación y a repensarla, poniendo así en marcha un desarrollo? Sin embargo, nadie llegaría al extremo de priorizar la perspectiva del yo por encima de la perspectiva del tú. Para volver a enlazar desde aquí con el comienzo del capítulo: en su libro *Por qué no hablo con blancos sobre racismo,* Reni Eddo-Lodge señala lúcidamente y con toda razón que taparse los oídos y cerrar los ojos es una actitud que impide de entrada toda empatía y que mantiene fuertemente atrapado en la perspectiva del yo.

Pero lo que realmente importa más en una conversación provechosa y fructífera entre amigos es un intercambio de las perspectivas: un interesante vaivén entre la empatía y el reto, entre la perspectiva del tú y la del yo. Dicho de otro modo: si lo que realmente interesa es adquirir mayor conocimiento y no solo verse confirmado en lo que uno ya es, la postura básica de la participación empática de quien aconseja debe rebasarse siempre en dirección a la perspectiva del yo, pero al mismo tiempo sin perder del todo la perspectiva del tú.

Esta es la dinámica que en último término mueve también toda conversación terapéutica profesional: el terapeuta atento ve los problemas desde otro ángulo que el paciente que está tumbado en el sofá, los ve desde una perspectiva exterior, y justamente por eso es capaz de sacar al paciente de su túnel de percepción. Por el contrario, si la perspectiva del afectado se sublima como el único acceso a la verdad, entonces amenaza un cierre gnoseológico: uno solo ve lo que ve. Solo siente lo que siente. Nada más.

Veo algo que tú no ves: en eso se basa el famoso juego infantil «veo veo», en el que los participantes se incitan mutuamente a intensificar la atención y a descubrir los ángulos ciegos del otro. Este es el juego que deberían practicar conjuntamente los afectados y los no afectados, en lugar de enquistarse en sus respectivos puntos de vista. Veo algo que tú no ves, o siento algo que tú no sientes: solo así se descubren los detalles más ocultos y se contempla el mundo con otros ojos, aunque sea solo por breve tiempo.

¿SENTIR MÁS INTENSAMENTE?

Siento algo que tú no sientes: esto también se puede entender en el sentido de que siento más, más intensamente, más nítidamente. Esto apunta al fenómeno de la alta sensibilidad. Los altamente sensibles son más permeables, más afectables… y al mismo tiempo más talentosos: eso opina la psicóloga estadounidense Elaine Aron, que con el concepto de alta sensibilidad en su sentido más general toca una de las verdaderas fibras sensibles de nuestra época.

VIII. SOCIEDAD DE LAS SENSIBILIDADES

ALTA SENSIBILIDAD Y EL PARADIGMA DE LO ESPECIAL

Tengo la sensación de ser consciente de cosas muy sutiles en mi entorno. […]
Me afecta el comportamiento de los demás. […]
Suelo ser muy sensible al dolor. […]
Tengo una vida interior rica y compleja. […]
Me conmueven profundamente las artes o la música. […]
Me molesta que los demás pretendan que haga demasiadas cosas a la vez. […]
Me resulta desagradable la actividad que me provoca el ajetreo a mi alrededor. […]
Suelo percibir y disfrutar de las buenas esencias, sabores, sonidos y obras de arte.[1]

Estas autodescripciones están sacadas del «Autoexamen» con que comienza el superventas de Elaine N. Aron, *El don de la sensibilidad*. El libro se publicó por

---

1   E.N. Aron, *El don de la sensibilidad. Las personas altamente sensibles*, Barcelona, Obelisco, 2021, pp. 20-21.

primera vez en 1996 y desde entonces se ha traducido a setenta idiomas. Aron tenía un interés expreso en no tomar como una enfermedad el rasgo de la personalidad por el que se distinguen quienes tienen una alta sensibilidad, sino como una propiedad que se hereda genéticamente y que encierra un alto potencial de creatividad. Según Aron, las personas con alta sensibilidad no solo «reaccionan más ante los mismos estímulos»,[2] sino que también tienen talentos extraordinarios: «Normalmente, usted es consciente de que no es capaz de tolerar lo que pueden tolerar otros», dice Aron a sus lectores. «Pero acaso olvida que usted pertenece a un grupo de personas que en muchas ocasiones ha demostrado tener gran creatividad, intuición, apasionamiento y esmero».[3]

Entre las personas con alta sensibilidad hay algunas con «tendencia a ser visionarias, artistas altamente intuitivos o inventores, así como personas más conscientes, cautas y sabias»,[4] dice la psicóloga estadounidense, que también se califica a sí misma de persona con alta sensibilidad. El estrés y un exceso de estímulos externos son tóxicos para las personas con alta sensibilidad; un acelerado mundo de multitareas agobia notoriamente a las PAS (abreviatura de «personas con alta sensibilidad») e impide el desarrollo de los talentos mencionados, por lo que Aron aconseja encarecidamente no rehuir las situaciones sociales, pero sí

2 *Ibid.*, p. 27.
3 *Ibid.*
4 *Ibid.*, p. 30.

amoldar las condiciones de vida a este extraordinario rasgo de la personalidad. Pone el ejemplo de Charles:

> El ruido le molesta mucho, de modo que vive en un vecindario silencioso y se rodea de encantadores y sutiles sonidos, como el del agua de una fuente en el patio trasero y el de la buena música. [...] Cuando se siente agobiado por cuestiones de trabajo, se va a casa tan pronto como ve que es necesario y sale «a dar un paseo» o toca el piano. Charles declinó deliberadamente una carrera en los negocios debido a su sensibilidad [...]. Charles ha organizado su vida alrededor de su rasgo, manteniendo un nivel óptimo de activación sin sentirse en modo alguno imperfecto por ello.[5]

Sin embargo, el éxito sin precedentes del libro de Aron, y el hecho de que amplios sectores de la clase media con estudios superiores se reconocieran en el autoexamen antes citado (y posiblemente también en Charles), apenas se podrían explicar si realmente este rasgo fuera «solo» una característica heredada genéticamente, que se puede tener o no. Mirándolo bien, el rasgo de la «alta sensibilidad» es el síntoma del mundo acelerado e individualista propio de la Modernidad tardía. A este mundo, con sus lógicas de crecimiento, sus estímulos y sus demandas sociales, no solo es inherente una tendencia a exigir cada vez más, lo cual provoca hipersensibilidad y tensión nerviosa, sino también un ideal en el que encajan paradigmáticamente las personas con alta

5   *Ibid.*, p. 45.

sensibilidad: lo que cada vez importa más es una exclusividad y una singularidad que se nutren de una relación
sensible con el mundo y consigo mismo.

En su libro *Sociedad de las singularidades,* el sociólogo Andreas Reckwitz analiza detenidamente este «paradigma de lo especial» propio de la Modernidad tardía
y que desde los años setenta se ha vuelto fundamental
para la nueva clase media: «Miremos donde miremos
en la sociedad actual, lo que se espera cada vez más
no es lo general, sino lo particular y especial. Las es-
peranzas, el interés y los esfuerzos de instituciones e
individuos no se aferran a lo estandarizado y regulado,
sino a lo exclusivo, a lo singular».[6]

Creatividad extraordinaria, capacidad de diferenciación estética, sensibilidad delicada: esos son los valores centrales de la época actual. Por el contrario, las
rutinas y los estándares que no tienen en cuenta ni
toleran las sensibilidades llevan experimentando una
devaluación desde hace algunas décadas. Lo que ahora
se está convirtiendo en rasgo distintivo de una nueva
clase media que cada vez se vuelve más sensible ética y
estéticamente, un rasgo distintivo por el que merece la
pena esforzarse, no es el chalé adosado estandarizado,
sino el proyecto de una vivienda diseñada individual-
mente; no el turismo de masas, sino el viaje individual;
no el trabajo de funcionario estrictamente regulado,
sino el «trabajo creativo»:[7] «El llamado consumidor

6 A. Reckwitz, *Die Gesellschaft der Singularitäten. Zum Strukturwandel der Moderne,* Berlín, Suhrkamp, 2017, p. 7.
7 *Ibid.*, p.182.

ético desarrolla una sensibilidad diferenciada para las especialidades de pan y de café, algo que antiguamente solo era típico, como mucho, de expertos en vinos», escribe Reckwitz. «En lugar del "sofá de catálogo" se busca la antigüedad única».[8]

Aquí se puede advertir con claridad lo indisolublemente vinculadas que están la sensibilidad y la singularidad. Solo quien tiene una percepción refinada puede desarrollar un gusto diferenciado. Solo quien es receptivo para vibraciones externas e internas puede expresarse, actuar creativamente, autorrealizarse. Y solo quien muestra sensibilidad también en la convivencia social es capaz de percibir la vulnerabilidad específica de otros y reconocerla debidamente. Según Reckwitz:

> Se ha desarrollado una sensibilidad para la especial vulnerabilidad de los individuos que pertenecen a grupos de identidades individuales distintas de la de los «hombres blancos heterosexuales»: para las mujeres, los homosexuales, la gente de color u otras minorías étnicas, los transexuales y otras personas con impedimentos corporales o psíquicos.[9]

La sensibilidad ética promueve un uso sensible del lenguaje y una distancia corporal adecuada, la precaución y las diferencias sutiles en el trato. Desde luego también los animales y las plantas se perciben como seres con demandas, e igual que el ser humano tienen un

8   *Ibid.*, p. 7.
9   *Ibid.*, p. 59.

derecho a la vida que hay que considerar atentamente y tener en cuenta. Lo que hace falta no es dominar la naturaleza, sino tener sensibilidad ecológica.

Por no olvidar la sensibilidad psíquico-corporal: solo quien sabe escuchar dentro de sí es capaz de percibir las necesidades individuales y las particularidades corporales y ajustar correspondientemente su estilo de vida. Uno necesita mucha luz y no puede vivir en pisos bajos, otro no tolera la lactosa, un tercero tiene que hacer cada mañana dos horas de yoga para empezar bien el día, el cuarto no tolera apenas la proximidad de otras personas: la singularización de la sociedad en hogares de solteros sin pareja guarda una relación indisociable con esta diversificación de las necesidades.

Aquí es donde hay que contextualizar también el aumento de las alergias. En Alemania, una de cada tres personas padece una alergia, y la tendencia es creciente. La causa de las alergias es lo que se da en llamar una sensibilización para sustancias extrañas que en realidad son inofensivas, pero contra las que el cuerpo se rebela, es decir, hacia las que muestra una exagerada reacción de defensa. Desde luego, hace ya tiempo que «ser alérgico a algo» se ha convertido en un giro idiomático en la sociedad singularizada y de necesidades especificadas.

Teniendo en cuenta esto, no es de extrañar que la alta sensibilidad, como dice Elaine Aron, haya dejado de ser un fenómeno excepcional. Según la psicóloga estadounidense, aproximadamente el veinte por ciento de las personas tienen alta sensibilidad. Es más, la alta sensibilidad no solo está más difundida de lo que cabría pensar, sino que en la Modernidad tardía, caracterizada por la alienación, representa incluso una profunda nostalgia: las personas con alta sensibilidad están conectadas con el mundo, tienen una conexión permanente y vibrante con él.

El sociólogo Hartmut Rosa habla en este sentido de «resonancia». El concepto de resonancia es el tema de su libro homónimo, en el que desarrolla una sociología de la relación con el mundo a partir de las *«sensibilidades existenciales* que se configuran históricamente».[10] Rosa contrasta aquí la necesidad humana de una relación sensible con el mundo, una necesidad que implica «dilución», «contacto» y *«compenetración* rítmica»,[11] con las tendencias cosificantes de la Modernidad tardía capitalista: el mundo, dice Rosa, en lugar de abrirse, se recluye fríamente. Las dinámicas de crecimiento y los vertiginosos procesos de transformación técnica y social enajenan al sujeto del mundo. El sujeto se queda desvinculado y carente de emociones ante el mundo.

El término «resonancia» es de origen latino y significa «reverberación». Pero el mundo moderno, dice Rosa, es mudo. No responde. El síntoma más llamativo de esta reclusión es el yo depresivo. Igual que un niño se entumece anímicamente cuando los padres no le

10   H. Rosa, *Resonanz, op. cit.*, p. 54.
11   *Ibid.*, p. 55.

hacen caso, las personas enferman por el frío silencio del mundo, se entumecen interiormente y se vuelven anímicamente inertes.

El reverso de esta dinámica depresiva es un verdadero auge de las prácticas de atención, pues parece que nada anhela más el hombre moderno que la resonancia. El yoga, la meditación, el *wellness* y los ejercicios de sensibilidad se están convirtiendo en verdaderas promesas de sanación. Uno quiere volver a sentirse a sí mismo y a sentir el mundo, quiere desarrollar una sensibilidad para la belleza de la vida diaria: «Especialmente los sujetos de la Modernidad tardía tratan constantemente de entender sus sentimientos, de sentir su cuerpo, de establecer relaciones familiares armónicas, de realizarse profesionalmente, de desarrollarse espiritualmente. Por eso buscan relaciones de respuesta y experiencias de resonancia en todas las dimensiones de sus vidas», escribe Rosa.[12]

Para el sociólogo, estas técnicas para tener experiencias de sí mismos y del mundo centradas en los sentimientos vienen a ser unos cursillos de «sensibilidad para la resonancia»,[13] que surgen del anhelo romántico de un «mundo que canta».[14] Este mundo no tiene nada que ver con la permanente sonorización del mundo del consumo ni con una notoria sobreexcitación de los sentidos. Más bien la sensibilidad para la resonancia presupone la reclusión. Recluirse de situaciones alie-

---

12 *Ibid.*, p. 599.
13 *Ibid.*
14 *Ibid.*

nantes y ruidosas. Lo central en este sentido es la idea «de que nos basta con encontrar el sitio correcto o el fragmento correcto del mundo»[15] para desarrollar una sensibilidad para la resonancia. Este refugio, que en cierta manera está a salvo de las leyes capitalistas de cosificación y del aluvión tecnológico de estímulos, puede ser un lugar determinado, como una patria llena de reminiscencias o un chalé en el campo para las vacaciones. Pero ese fragmento del mundo también puede ser la compañía de ciertas personas:

> Por eso, la sociedad moderna se caracteriza porque exige a quienes viven en ella que, por así decirlo, se muevan en el espacio social como sismógrafos de resonancia, así como que entablen lazos sociales cuando y donde se producen interpelaciones o llamadas recíprocas, o como se suele decir, cuando y donde «hay química» entre quienes interactúan.[16]

De este modo —recordemos lo que decía Reckwitz— lo decisivo ya no son los lazos tradicionales, como la familia, sino los vínculos puntuales y *singulares* de la intensidad.[17] «Las relaciones sociales intensas (privadas) se liberan de normas y de reglas estamentales, rituales, cortesanas o religiosas y se conceptualizan como puras relaciones de resonancia».[18]

15   *Ibid.*, p. 601.
16   *Ibid.*, p. 608.
17   Cf. también, sobre el ideal de la intensidad, T. Garcia, *La vida intensa*, Barcelona, Herder, 2019.
18   H. Rosa, *Resonanz, op. cit.*, pp. 608-609.

Lo central aquí es una diferenciación normativa que tiene una larga tradición y que ya hemos encontrado en diversas modalidades y bajo varios aspectos: a la sobreexcitación negativa y pasiva, que literalmente mata los nervios, se opone una sensibilidad positiva y activa, una vibración creativa de los sentidos, una vibración creadora entre el yo y el mundo. También Elaine Aron enlaza con esta tradición cuando a sus pacientes con tendencia a sentirse agobiados les recomienda «oasis de resonancia». Los lugares de retiro deben dar protección al ser sensible, no deben agobiar ni abotargar, sino más bien fomentar procesos creativos en la medida correcta. Dicho de otro modo: la persona con alta sensibilidad tiene que retirarse del mundo de una forma que se parece mucho a la existencia artística sensible. El poeta y filósofo Paul Valéry fue un pionero en esclarecer, ya en 1935, esta tríada de aluvión de estímulos propio del capitalismo, sensibilidad y creatividad.

Paul Valéry y el espacio seguro

«La interrupción, la incoherencia, la sorpresa, son condiciones ordinarias de nuestra vida», afirma ya al comienzo de su ensayo *Balance de la inteligencia*.

Ellas han llegado a ser verdaderas necesidades para muchos individuos cuyo espíritu, en cierta manera, no se alimenta más que de variaciones bruscas y de excitaciones siempre renovadas. Las palabras «sensacional», «impresionante», que se emplean hoy en día de modo corriente, son aquel tipo de palabras que definen una época.[19]

Valéry asiste horrorizado a una decadencia de lo espiritual, que él atribuye a la permanente excitación y aceleración del mundo vital de su época:

> Las condiciones del trabajo del espíritu han sufrido, en efecto, la misma suerte que el resto de cosas humanas, es decir, que ellas participan de la intensidad, del apuro, de la aceleración general de los cambios, así como de todos los efectos de la incoherencia, del centelleo fantástico de los acontecimientos.[20]

¿Pero cuál es exactamente el motivo por el que la inteligencia sufre bajo estas condiciones? ¿Acaso los estímulos externos no podrían estimularla? Pensemos en el filósofo Walter Benjamin, para quien la vida en la metrópoli parisina era fuente de impulsos y de inspiración. Aquí entra en juego la sensibilidad, que para Valéry es un prerrequisito indispensable, e incluso la frágil arteria vital de la inteligencia, pero que está «bajo la fuerte amenaza de las circunstancias vitales momentáneas».[21] Quien constantemente busca distracciones y ansía sensaciones, quien por culpa del ritmo precipitado de la modernidad no tiene tiempo para serenarse y vive

19 P. Valéry, *Bilanz der Intelligenz*, en *Werke*, vol. 7, op. cit., p. 105.
20 *Ibid.*, p. 113.
21 *Ibid.*, p. 114.

permanentemente sobreexcitado, simplemente ya no puede dejarse llevar por su propia percepción ni vivir tranquilo con sus cosas.

Es más, la propia sensibilidad queda mermada y se atrofia realmente:

> En vista de todos esos hechos, no me encuentro muy alejado de concluir que la sensibilidad en los modernos se encuentra en vías de debilitamiento. Puesto que es necesaria una excitación más fuerte, un gasto mayor de energía para que nosotros sintamos cualquier cosa, resulta que la delicadeza de nuestros sentidos, después de un periodo de refinamiento, se hace menor. Estoy convencido de que, si pudiéramos medir con precisión las energías exigidas hoy en día por los sentidos de la gente civilizada, encontraríamos que el umbral de su sensibilidad se eleva, es decir, que su sensibilidad cada vez se abotarga más.[22]

La consecuencia es la pérdida no solo de la productividad artística, sino también de la sensación estética. Así es como Valéry observa una pérdida de la «sensación de la forma» y una creciente y generalizada «indiferencia hacia todas las formas feas y repulsivas»,[23] que se aprecia sobre todo en la arquitectura contemporánea y en la planificación urbana.

Valéry destaca las condiciones ideales bajo las que, por el contrario, habrían trabajado los artistas de épo-

22 *Ibid.*, p. 118.
23 *Ibid.*, p. 119.

cas anteriores, y subraya lo necesario que es redescubrir el «tiempo libre»,[24] para escapar intencionadamente del delirio exterior. Cuando habla de «tiempo libre», el filósofo no se refiere solo al ocio, que también está estrictamente temporizado, sino más bien a la calma, a la completa ausencia de objetivos por cumplir. Con palabras de Rosa, el tiempo libre es el salvífico «fragmento de mundo».

> Nada de preocupación, nada de prisa, nada de presión interior; sino una suerte de reposo en la ausencia, un descanso benefactor, que devuelve el espíritu a su libertad propia. Él no se ocupa entonces más que de sí mismo. Se encuentra desligado de sus deberes para con el conocimiento práctico y descargado de la preocupación por los quehaceres inmediatos: puede producir formaciones puras como los cristales.[25]

No es difícil prolongar hasta el presente las líneas que traza Valéry, extrapolar sus preocupaciones a la época actual. Lo que en los años treinta eran el cine y los periódicos, hoy lo son Netflix, Twitter y compañía. Es más, en comparación con la permanente excitación digital, el mundo de Valéry se nos antoja de verdad profundamente relajado, y por eso no es de extrañar que la preocupación por un mundo progresivamente desensibilizado y abotargado sea hoy incomparablemente mayor. En vista de los estímulos digitales no

24 *Ibid.*, p. 116.
25 *Ibid.*, p. 117.

solo se nos advierte de un progresivo entontecimiento (especialmente de la juventud), sino también de un embrutecimiento del discurso y de la violencia física. De hecho, en los actuales centros de enseñanza se propaga el *mobbing* con ayuda de los medios digitales, y el odio se descarga, de forma prácticamente desinhibida, en las redes sociales y en las secciones de comentarios: tendencias a la radicalización en evidente oposición a la suave tactilidad de los dedos sobre la pantalla. Mientras uno despotrica, insulta e intriga, pasa sus dedos casi con ternura sobre la superficie de un aparato delicado y las yemas hipersensibles de los dedos tocan con cautela las hipersensibles teclas. Pero esta oposición entre el gesto delicado y la acción brutal no es en modo alguno insuperable, al contrario, basta un movimiento mínimo y apenas visible del dedo para efectuar una acción, como si la hubiera hecho una mano omnipotente: hágase mi voluntad.

Pero en vista del presente, y más allá de esta bien conocida perspectiva crítica con los medios y pesimista con la sociedad, hay también un cambio significativo en comparación con el planteamiento de Valéry: si el poeta, en su condición de ser digno de protección, se centraba en la existencia artística, hoy, sobre todo en las universidades, se exigen espacios seguros para grupos oprimidos. Lo que se busca con ellos no es cuidar atentamente el alma creativa, sino mantener alejados los impulsos molestos de quienes piensan de otro modo: lo que para Valéry era un exceso de estímulos sensibles, es hoy un exceso de cosmovisiones diferentes que relativizan y amenazan el modo propio y especial como uno se instala en el mundo. Uno quiere estar con los suyos. Con sus semejantes. En suma, la existencia artística sensible es sustituida por la existencia política sensible, que hay que acondicionar en lugares seguros para preservarla de las asperezas de un debate abierto y de la dominancia hegemónica.

«Copos de nieve» contra «OK, boomer»

En vista de esta nueva sensibilidad, sobre todo las generaciones mayores se quejan de una creciente hipersensibilidad en los debates políticos. Esta queja se sintetiza en un concepto con el que se designa discriminatoriamente a los representantes supuestamente mal acostumbrados de las políticas izquierdistas de identidad: *snowflake,* copo de nieve. Ese término se refiere a jóvenes *woke,* nacidos en la era digital y muy mentalizados con la diversidad, a los que los mayores recriminan una hipersensibilidad exacerbada y la completa incapacidad de confrontarse políticamente.

Con esta hipersensibilidad se asocia indisolublemente la supuesta exclusividad de los «copos de nieve»: lo que se critica es que, así como no hay dos cristales de nieve que sean iguales y cada copo se rompe al menor contacto, también la joven generación z, nacida en torno al cambio de milenio, se cree que es muy especial, por lo que uno no debe acercárseles demasiado, ni menos aún tocarlos con rudeza.

Snowflake connota también una crítica al ambiente: los «copos de nieve» no han conocido las durezas de la vida y han crecido en espacios protectores acolchados. Han perdido totalmente la capacidad de una sana resiliencia, por lo que ya solo saben protegerse exigiendo advertencias sobre contenidos que puedan herir la sensibilidad y demandando espacios seguros. En suma, los «copos de nieve» son hipersensibles, exclusivos, intocables: el paradigma de lo especial encuentra su radicalización más clara en este concepto peyorativo.

Pero quien crea que los llamados «copos de nieve» no saben contraatacar se equivoca. La hipersensibilidad tiene también aquí su reverso agresivo. La sarcástica y peyorativa designación *OK, boomer* engloba a la vieja generación del *Baby boom,* que, por decirlo coloquialmente, no se ha enterado de que los tiempos han cambiado y sigue manteniendo opiniones que se han quedado totalmente obsoletas.

¿Crees que los piropos son inofensivos y que un hombre puede meter mano tranquilamente a una mujer? *OK, boomer.* ¿Crees que el movimiento de *Fridays-for-Future* es puro alarmismo? *OK, boomer.* ¿Crees que se puede seguir leyendo a Kant a pesar de su racismo, solo porque es Kant? *OK, boomer.* ¿Aún sigues creyendo que la familia es más importante que la amistad? *OK, boomer.* ¿Estás convencido de la masculinidad y la feminidad son hechos biológicos? *OK, boomer.*

En consecuencia, también se acusa a los *boomers* de ser a su modo sensibleros y lloricas: en cuanto veis peligrar vuestros privilegios y tradiciones os echáis a llorar. Sois vosotros quienes no sabéis manejar las nuevas situaciones de presión. ¿Quiénes os creéis que sois para destruir las bases ecológicas del futuro? ¿Cómo os atrevéis? *How dare you?* ¡Somos muchos, somos ruidosos!

Vistos desde esta perspectiva, los *boomers* representan un mundo en forzosa decadencia. El mundo de las tradiciones, de las normas, de los estándares. Por decirlo con palabras de Reckwitz: los *boomers* pertenecen sin duda al paradigma anticuado de lo «general», no de lo «particular». El *boomer:* una especie en extinción. El *boomer:* un triste hombre blanco envejecido que no se sobrepone a la pérdida de sus ventajas, pero que tampoco tiene otro remedio.

¿NO ME TOQUES?

¿Así que la alta sensibilidad es la nueva normalidad, y el espacio seguro es el nuevo oasis de resonancia? ¿Vence lo particular a lo general? ¿El particularismo al universalismo? ¿El trabajo creativo autónomo y flexible a la contratación fija para un empleo rutinario? ¿La sensibilidad a la resiliencia? Llegar hasta ese extremo supondría obviar imperdonablemente las grandes crisis del presente. El aumento de la precariedad en lo económico y de la depresión en lo existencial, así como la erosión del espacio público como lugar de los debates pertinentes, muestran claramente la problemática del paradigma de la singularidad. También Reckwitz llega a esta conclusión al final de su libro: «La crisis social del reconocimiento, la crisis cultural de la autorrealización y la crisis política de la esfera pública y del Estado se pueden interpretar todas ellas como formas de una crisis de lo general, en la que cae una sociedad que se orienta radicalmente por lo particular».[26]

Una imagen radicalizada de esta crisis de lo general es la que ofrece el ritual de la comida en común, que apenas es posible ya cuando se sientan a la mesa varios que tienen distintas sensibilidades: ¿Hay nueces en la ensalada? Soy alérgico a ellas. ¿Carne? Soy vegetariano. ¿La fruta no es de la región? Un imperdonable impacto medioambiental que no estoy dispuesto a apoyar. Cuanto más alta sea la sensibilización, tanto mayor será la probabilidad de que cada uno coma solo y se quede solo.

Con estas tendencias a la individualización se asocia indisolublemente la nueva inaproximabilidad. Si en el debate del *Me Too* ya se exigieron imperiosamente reglas de distancia para el hombre y la mujer, con la crisis del COVID-19 en 2020 y 2021 la separación entre personas se convirtió en una necesidad virológica. El último capítulo de este libro tratará, por decirlo con palabras de Elias Canetti, del «miedo al contacto».

---

26 A. Reckwitz, *Die Gesellschaft der Singularitäten*, *op. cit.*, p. 435.

IX. REGLAS DE DISTANCIA

Demanda moderna de distancia
y temor antropológico al contacto

La gente se quejaba y se sigue quejando de las normas
de distancia impuestas durante la crisis del COVID-19,
aunque es evidente que eran necesarias. Mantener la
distancia con otros, no dejar que nadie se aproxime
a menos de un metro y medio: la distancia social se
considera casi unánimemente una exigencia excesiva
para el hombre como ser social que necesita el contacto, y no solo de niño, sino también de adulto. No
solo en situaciones especiales, sino también en la vida
diaria. Contacto no solo de conocidos, sino también
de desconocidos. Los contactos, aunque sean fugaces,
crean compenetración, seguridad, confianza, proximidad emocional, en suma, calidez. El resguardo de las
cavernas y de las fogatas. Los contactos, como escribe
Rebecca Böhme en su libro *Contacto humano,*

> no solo estimulan las fibras táctiles, que reaccionan
> sobre todo a las caricias, sino también los termorre-
> ceptores cutáneos. La calidez por sí misma puede in-

fluir en las emociones y en los sentimientos. La calidez suscita sentimientos de bienestar y agrado y provoca la secreción de serotonina.[1]

Un pequeño roce del camarero en el café o del compañero en el trabajo puede alegrar enseguida el ambiente.

Sin embargo, en algunos lectores las líneas precedentes habrán provocado más bien asociaciones desagradables. ¿Roces en el trabajo? ¿Quizá incluso del jefe en persona, que mientras dicta acaricia brevemente a su secretaria en el hombro? No, gracias, pensará quizá también usted: en ese caso no se estimulan las fibras táctiles, sino que se eriza la piel.

En efecto, si lo miramos más detenidamente, se aprecia que las reglas de distancia que la pandemia hizo necesarias en modo alguno significan simplemente una inadmisible inversión de lo social. Lo que sucede más bien es que, con la distancia social, se radicaliza el deseo moderno de que los demás, sobre todo si son desconocidos, no invadan el espacio de uno. En el capítulo I de este libro se mostró, siguiendo a Norbert Elias, que el desarrollo civilizatorio es un proceso en el que las sensibilidades se hacen mayores, también y justamente en un sentido corporal: cuanto más elevados son los estándares civilizatorios de una sociedad, tanto mayor es la necesidad de distancia. Cuando la proximidad es excesiva se siente vergüenza y asco. Con el COVID-19,

1 R. Böhme, *Human Touch. Warum körperliche Nähe so wichtig ist. Erkenntnisse aus Medizin und Forschung*, Múnich, C.H. Beck, 2019, p. 52.

el hábito civilizatorio de pureza quedó bajo un signo claramente médico, y por eso pudo establecerse tanto más firmemente como regla. Con las palabras del filósofo Gernot Böhme: «Lo que hasta ahora se practicaba como distancia respetuosa, no permitir que otro se me acercara demasiado, se exige ahora como medida higiénica, y si es preciso se obliga a ello bajo amenaza de multa. De este modo, se introduce una especie de corrección higiénica», escribe el fenomenólogo (y padre de Rebecca Böhme, a la que acabábamos de citar) en vista de la crisis del COVID-19.[2]

En arquitectura se aprecia claramente la creciente necesidad de distancia. Los baños comunitarios y compartidos resultan ya prácticamente inconcebibles en las naciones industrializadas occidentales. En lugar de eso, los baños de invitados son ya un estándar en la arquitectura contemporánea: las excreciones y los olores de otros no deben confundirse con los propios. Y ya aparte de eso, si se observa cuánto se ha encarecido la superficie habitable, por ejemplo en Alemania, se aprecia qué grande es la necesidad de distancia: si en 1950 el espacio medio que ocupaba una persona eran catorce metros cuadrados, hoy son cuarenta y cinco.[3]

El hombre de la Modernidad tardía demanda un espacio en el que no se sienta importunado ni molestado, por no decir ya amenazado. Mirándolo así, el problema civilizatorio no es la distancia, sino justo lo

2   G. Böhme, «*Die vierte hygienische Revolution?, Die vierte hygienische Revolution?*», *Philosophie Magazin* 3/2021, pp. 16-19; aquí: p. 19.
3   Cf. E. von Thadden, *Die berührungslose Gesellschaft*, Múnich, C.H. Beck, 2018, p. 97.

contrario: la angostura. Suciedad, amontonamiento forzoso, falta de esfera privada: el paradigma de pesadilla son los campos de refugiados abarrotados, como Moria en la isla de Lesbos. Por el contrario, los dispensadores de desinfectantes, las mascarillas que cubren la nariz y la boca y las líneas claramente trazadas que marcan en los supermercados la distancia entre las personas son la culminación provisional de un proceso civilizatorio que separa a unos individuos de otros y les asigna espacios de libertad claramente demarcados.

Tu libertad comienza donde termina la mía: esta máxima liberal expresa el modo en que se entiende a sí mismo el hombre moderno que ostenta derechos civiles. Yo no me acerco demasiado ni tú a mí. Respetar el margen de libertad del otro, no tocarlo, son valores centrales de la civilización. Lo privado, la posesión, igual que el cuerpo en cuanto tal, están protegidos de las injerencias de otros y también de las del Estado.

En el proceso civilizatorio, como también sucedió con todas las demás reglas protectoras, la prohibición de contacto se ha ido ampliando desde las capas privilegiadas hasta las inferiores. Nadie puede ser tocado ni recibir tratamiento médico contra su voluntad, ni muchísimo menos ser maltratado. El poder de disposición del propio cuerpo y el derecho a la integridad corporal están garantizados por ley.

La protección frente a *ataques* revela claramente el significado de lo táctil para la comprensión moderna del derecho y de sí mismo. De acuerdo con eso, en el artículo primero de la Ley Orgánica alemana se lee: «La dignidad de la persona es inviolable», es decir, intocable. Que sea intocable la dignidad, que sobre todo concierne también a la integridad corporal, le confiere a la persona como fin en sí mismo algo prácticamente sagrado: «Noli me tangere», le dice en los Evangelios Jesús resucitado a María Magdalena: «no me toques» (cf. Jn 20,17). La prohibición de tocar el cuerpo es esencial para los movimientos libertarios emancipatorios. Tanto para Me Too como para Black Lives Matter, nadie tiene el derecho a tocar a una persona contra su voluntad. Toda vida tiene dignidad. Con eso se asocia indisolublemente un derecho a la distancia. Los acosos sexuales y la violencia policial son flagrantes vulneraciones de la dignidad y del derecho.

Cada vez que se amplían los espacios de protección que tanto ha costado conseguir cambia también la respectiva percepción de la aproximación ilícita. «En las sociedades occidentales, hoy las personas tienen miedo cuando están a menos de 45 centímetros de distancia del cuerpo más cercano», escribe Elisabeth von Thadden en su libro La sociedad sin contacto.[4] Así que cuando un desconocido se acerca a menos de medio metro se siente que comienza una invasión ilícita. Quien traspasa este límite invisible es considerado un irrespetuoso, o al menos es percibido como desagradable o incluso como amenazador.

Sin embargo, esta percepción no se debe solo a una voluntad civilizatoria de distanciamiento ni a construcciones jurídicas modernas, sino que sus raíces son mucho más profundas. Igual que un perro se sobresalta

4   Ibid., p. 96.

cuando otro perro lo toca por detrás, el hombre también tiene sensores de alarma muy sensibles. Su origen, según Elias Canetti, es de naturaleza antropológica. Al comienzo de su obra *Masa y poder* escribe:

> Nada teme más el hombre que ser tocado por lo desconocido. Desea *saber* quién es el que le agarra; lo quiere reconocer o, al menos, quiere poder clasificarlo. El hombre elude siempre el contacto con lo extraño. De noche o a oscuras, el terror ante un contacto inesperado puede llegar a convertirse en pánico. Ni siquiera la ropa ofrece suficiente seguridad: qué fácil es desgarrarla, qué fácil penetrar hasta la carne desnuda, tersa e indefensa del agredido.[5]

Es este miedo, que tiene una base antropológica, lo que «jamás abandona al hombre una vez que este ha establecido los límites de su persona».[6] Canetti identifica ese miedo primordial como la causa principal del deseo humano de distancia. El miedo al contacto es lo que impulsa y marca decisivamente el proceso civilizatorio.

> Todas las distancias que el hombre ha creado a su alrededor han surgido de este temor a ser tocado. Uno se encierra en casas a las que nadie debe entrar y solo dentro de ellas se siente medianamente seguro. El miedo al ladrón no solo aparece como temor a que

5   E. Canetti, *Masa y poder*, Barcelona, Muchnik, 1981, p. 6.
6   *Ibid.*, p. 7.

a uno le roben, sino también como un temor a ser tocado por algún repentino e inesperado ataque procedente de las tinieblas. La mano, convertida en garra, vuelve a utilizarse siempre como símbolo de tal miedo. Mucho de ello ha pasado a formar parte del doble sentido de la palabra «agarrar».[7]

Por tanto, que las situaciones de angostura, por ejemplo en el metro, puedan sentirse como desagradables no se debe solo a una hipersensibilidad civilizatoria (por ejemplo, para olores corporales), sino a un miedo hondamente arraigado a la «agresión».

Este temor define la manera de movernos en la calle, en medio de muchas personas, en restaurantes, en ferrocarriles y autobuses. Incluso cuando nos encontramos muy cerca unos de otros, cuando podemos contemplar a los demás y estudiarlos detenidamente, evitamos en lo posible entrar en contacto con ellos.[8]

Hay sin embargo una excepción a esta regla, que a Canetti no se le pasa por alto: «Si actuamos de otra manera es solo porque alguien nos ha caído en gracia, y entonces el acercamiento parte de nosotros mismos».[9] Esto se refiere a la atracción sexual, que transforma lo desconocido amenazador en una atracción, en un objeto de placer.

7   *Ibid.*, p. 6.
8   *Ibid.*
9   *Ibid.*

Masa y poder, de Elias Canetti, salió publicado en 1960, es decir, en vísperas de la revolución sexual. Desde la perspectiva actual resulta llamativa la ingenuidad con la que el filósofo aborda este punto tan delicado. A mediados del siglo pasado, el contacto involuntario por motivos eróticos o sexuales todavía no se consideraba un problema importante. Todo lo contrario: incluso los revolucionarios de finales de los años sesenta y setenta consideraban que el cuerpo femenino seguía siendo algo que estaba en buena medida a disposición, por no hablar ya de los llamados deberes conyugales.

Desde 1997, la violación dentro del matrimonio es un delito. Además, iniciativas feministas como *No es No* y *Me Too* lograron en 2019 un endurecimiento de las penas por delitos sexuales también en Alemania, donde no se castiga solo la violencia física, sino también no respetar la voluntad ajena. Quien trata de tocar a otra persona obviando o malinterpretando señales de rechazo, se arriesga a ser condenado.

Así, las reglas de distancia garantizadas jurídicamente se extienden también hasta la vida íntima. Pero es asimismo claro que la convivencia, también la de la pareja, no puede ser totalmente regulada por ley. Necesariamente queda un resto en el que se plantean exigencias éticas muy elevadas y que los propios individuos deben manejar y resolver: ¿cómo me comporto en tal o cual situación (erótica)? ¿Doy un beso para saludar o doy la mano? ¿Qué me resulta agradable y qué no? ¿Qué esperan los demás de mí? ¿Cómo puedo actuar impecablemente en medio de esta tensión? ¿Cómo puedo mostrar, o siquiera saber, lo que quiero y lo que no? ¿Mis deseos son realmente los míos… o los del otro?

Por tanto, es obvio que la distancia social se puede percibir no solo como una exigencia excesiva, sino, en un nivel más profundo, como un alivio, y de hecho muchas veces se percibe así, pues, al fin y al cabo, es justamente la prohibición de contacto, que la pandemia hizo necesaria, lo que reduce agradablemente el mundo vital, sumamente complejo, de los deseos y las expectativas que se contradicen: «Pues el paradigma del contagio, que hace que lo infeccioso se establezca como situación social, hace posible que los sujetos conviertan el vacío decretado en una "plenitud"», escribe la filóloga Bernadette Grubner en su ensayo sobre el *Placer vírico*. «La experiencia de falta que se sufre al cerrar los sitios de convivencia social y al renunciar a los encuentros en privado se puede compensar mediante conductas que sean irrestrictamente correctas, y que ya no deberán sopesarse comparándolas con otras formas de trato y de proceder».[10]

Mirándolo así, mantener la distancia, tal como se exige en tiempos de amenaza vírica, no denota una pérdida, sino lo contrario, una ganancia:

Ese es el potencial de atracción de la «nueva» solidaridad, un potencial que se activa mediante la falta de contacto. Al mismo tiempo, eso nos ahorra el

10   B. Grubner, «*Viruslust*», *Philosophie Magazin* 4/2021, pp. 62-65; aquí: p. 65.

conflicto interior que toda relación conlleva. Todo contacto con otra persona también significa tener que confrontarse con lo que a uno le repele o le atemoriza de la alteridad. Las relaciones siempre exigen hacer un esfuerzo psíquico para superar ese rechazo mediante el deseo de proximidad.[11]

En el fondo, se trata de eliminar una ambivalencia que es causa de inseguridad. A partir de aquí, se pueden sacar muchas conclusiones de esa moda norteamericana de los llamados *love contracts* o «contratos matrimoniales», con los que se trata de regular contractualmente y de poner negro sobre blanco, más allá de las leyes establecidas, todo lo ambiguo y lo cambiante de las relaciones eróticas: ¿Cuántas veces se debe practicar sexo? ¿Con qué frecuencia hay que decirse mutuamente la frase «te amo»? ¿Cómo se reparten las tareas domésticas y educativas? Todos los detalles se ponen por escrito, para poder acogerse a eso en caso necesario.[12]

En su libro *Erotismo de autoayuda,* la socióloga Eva Illouz analiza este nuevo deseo de regulación, que ella asocia con el éxito mundial que tuvo la novela sadomasoquista *Cincuenta sombras de Grey* (2011).[13] La novela de la autora británica E. L. James se convirtió en muy poco tiempo en un superventas mundial. En ella se narra la historia de amor entre la joven Anastasia Steele

11 *Ibid.*
12 Cf. T. Schouwink, «*Lässt sich Liebe regeln?*», *Philosophie Magazin* 6/2019, p. 28.
13 Cf. E. Illouz, *Die neue Liebesordnung. Frauen, Männer und Shades of Grey*, Berlín, Suhrkamp, 2013.

y Christian Grey, un sádico poderoso y carismático. El juego amoroso que llevan ambos es estipulado con toda exactitud por un minucioso contrato, que asigna posiciones, funciones y límites perfectamente definidos. Illouz ve la causa decisiva de este deseo de regulación en los efectos de la liberalización, resultantes de la propia revolución sexual: se consideró que la regulación general de los modales, por ejemplo las reglas de cortesía, era algo burgués, así que se despreció y se derogó, y también se anuló la validez de los roles sexuales claramente definidos: «El aumento de autonomía de la sexualidad ha hecho que el campo de las interacciones emocionales se vuelva muy inseguro».[14] Así que, si el mercado libre de los cuerpos no puede funcionar bien así, se necesitan leyes y reglas que vuelvan a formalizar las complejidades y las contradicciones de la sexualidad. Para Illouz, el éxito de *Cincuenta sombras de Grey* estriba justamente en este deseo de claridad.

Pero por muy plausible que sea este análisis, deja sin resolver cuestiones normativas: ¿La revolución sexual fue entonces un error? ¿Queremos regresar a un orden sexual basado en estrictas reglas de distancia?

Tanto más interesante resulta a partir de aquí un concepto que, más allá de una relajación de las costumbres por un lado y de un puro formalismo por el otro, apunta a una tercera vía: la sensación de lo que conviene hacer con una persona determinada en una situación determinada. Esta sensación no la dictan las reglas ni es totalmente arbitraria: se trata del tacto.

14 *Ibid.*, p. 70.

Vibraciones finísimas: el alegato de Plessner a favor del tacto

En latín *tactus* significa contacto, golpe. Este significado se conserva perceptiblemente en la tactilidad. El sentido del tacto es la delicadeza o la diplomacia. En su libro *Límites de la comunidad,* el sociólogo Helmuth Plessner dedica todo un capítulo a este sentido. La obra se centra en la pregunta de cómo hallar en el trato social la proporción correcta entre proximidad y distancia. Según Plessner, la solución no es el formalismo de las reglas de decoro, porque ese formalismo no es capaz de captar lo particular de la situación y del interlocutor, sino que es simplemente impersonal, artificioso y frío:

> La etiqueta de salón ayuda a resolver este tipo de problemas, porque al menos hace que resulte improbable un *faux pas*. Pero si a eso no se añade el tacto preciso, con el que se es capaz de tratar a toda persona de manera individual y, por así decirlo, de hallar el camino en medio de la oscuridad, entonces lo que queda es un aburrido dandismo de salón, ese formalismo propio de quien sabe comportarse y conversar de forma impecable, ese formalismo que va como una seda y con el que la gente de medio pelo suele embaucar a personas de igual calaña.[15]

15 H. Plessner, *Grenzen der Gemeinschaft. Eine Kritik des sozialen Radikalismus,* Frankfurt del Meno, Suhrkamp, 2002, pp. 106-107.

Muy distinto es, sin embargo, el tacto, con el que la mera obediencia a reglas es sustituida por la sensibilidad:

> Tacto es la capacidad de percibir diferencias impon-
> derables, la capacidad de comprender ese lenguaje
> intraducible de las manifestaciones: un lenguaje que
> la situación y las personas hablan en su coyuntura
> sin necesidad de palabras, sino con su comporta-
> miento y con su fisionomía, usando los insondables
> símbolos de la vida. Tacto es la disposición a res-
> ponder a estas finísimas vibraciones del entorno, la
> voluntad de abrirse para ver a otros mientras uno
> mismo se retira del campo visual, la voluntad de va-
> lorar a otros según los criterios de ellos y no según
> los propios. Tacto es el respeto eternamente velante
> a la otra alma, y por tanto la primera y última vir-
> tud del corazón humano.[16]

En suma, tacto es la sensibilidad para los matices, para las más finas vibraciones en la atmósfera, el arte de «presentir de forma extrarracional e imperceptible [...] guardando cuidadosamente la distancia», como dice Plessner.[17]

Esta hipersensible «sensación a distancia, este tanteo a distancia de cosas imperceptibles pero muy reveladoras, mientras las posiciones se alternan constantemente»,[18] se opone tanto a la rigidez de las leyes como a la brutal

16   *Ibid.*, p. 107.
17   *Ibid.*, p. 110.
18   *Ibid.*

univocidad de lo auténtico y genuino. Quien en el trato público únicamente quiere ser él mismo no solo se hace vulnerable, sino que también hiere con facilidad a los demás, como explica el sociólogo.

Para trasladar esta idea al debate actual: según lo dicho, no hay duda de que Plessner no habría querido mezclarse con «hombres blancos mayores» carentes de tacto y que solo obedecen a su deseo sexual no falseado. Pero Plessner también se habría opuesto radicalmente a las demandas contemporáneas de las políticas identitarias, así como a las restricciones reguladoras de interacciones sexuales. Esto es lo que revelan las siguientes líneas:

> Purismo, rigorismo y misantropía de los principios morales, el fanatismo de las leyes morales y la veneración de lo unívoco, el patetismo farisaico de la autenticidad a toda costa en la expresión y dar validez exclusiva a la desmesura: todo esto son síntomas de una misma actitud intelectual del hombre maquinal estresado, que nada desprecia tanto como lo insignificante.[19]

Sin embargo, Plessner tampoco pretende decir que una persona discreta y con mucho tacto sea ya solo por eso irreprochable. Cuando habla de «corazón humano» no pretende sublimar nada, sino que tiene plena conciencia de que toda intimidad es ambivalente. En este sentido, Plessner señala expresamente que en todo

19 *Ibid.*

encuentro humano hay algo espinoso, peligroso e imprevisible: «También el corazón y la intimidad exigen distancia, sagacidad, lucha. Nuestro ser ama en todos sus estratos el juego y el peligro».[20]

La obra de Plessner se lee como una exhortación, no a erradicar esta ambivalencia fundamental de lo social que hace tan complicado el ámbito de lo interpersonal, sino a asumirla en una cultura del trato. Limitarse a conjurar lo espinoso de una situación a base de eludirlo, silenciarlo, ignorarlo o, simplemente, prohibiéndolo, acaba con el peligro y con el juego, y por tanto con la vivacidad del encuentro, que es impensable sin ciertos riesgos. Muy distinto es, por el contrario, el arte del tacto: quien tiene delicadeza percibe y asume lo espinoso de forma muy precisa, advierte la seriedad de la situación, y entonces es capaz de afrontarla fácilmente. Desde luego, eso no excluye que luego la cosa pueda salir mal.

¿QUÉ CABE EXIGIR?

Es esta imprevisibilidad de lo social lo que desconcierta profundamente a la necesidad de seguridad, que es típica de la Modernidad tardía: cuanto más sensible sea una persona a la violencia, al sufrimiento o a la muerte, tanto mayor será el deseo de conjurar fiablemente estos peligros. Cuanto más sensible sea una sociedad, tanto más grande será la demanda de un Estado protector.

20 *Ibid.*, p. 112.

Con esto habríamos llegado finalmente a la cuestión esencial de qué podemos exigirnos mutuamente en una sociedad libre y qué no. ¿Nos estamos volviendo sensibles hasta límites inadmisibles? ¿O a lo que no hay derecho es, más bien, a que se trivialice el sufrimiento estructural tachándolo de un asunto de la sensibilidad individual? Veamos cómo responde a esto Alexis de Tocqueville.

X. CONCLUSIÓN

La paradoja de Tocqueville

Cuanta mayor igualdad de derechos hay en las sociedades, tanto más se sensibilizan para las injusticias existentes y para las vulneraciones que estas causan. Eso es lo que dice la llamada «paradoja de Tocqueville», un concepto de la sociología que se refiere al filósofo Alexis de Tocqueville. Ya en la primera mitad del siglo XIX, en vista de la democracia en Norteamérica, Tocqueville había comprobado que la creciente equiparación de las condiciones de vida y los derechos se traduce en un aumento de la sensibilidad para las diferencias: «Como cada uno se ve igual a sus vecinos, no comprende por qué la regla que es aplicable a un hombre no habría de aplicarse igualmente a todos los demás», escribe el filósofo francés de ascendencia nobiliaria en su obra *La democracia en América* (1835-1840), tras haber vivido un año en Estados Unidos. «Su razón se escandaliza ante los más ínfimos privilegios. La más ligera desigualdad en las instituciones políticas del mismo pueblo le hiere, y la uniformidad legislativa le parece la condición fundamental de un buen gobierno».[1] Tocqueville insiste aún más cuando escribe:

> El odio que los hombres albergan contra los privilegios aumenta a medida que estos se vuelven más raros e insignificantes, de modo que se diría que las pasiones democráticas más se encienden cuanto menos aliento encuentran. [...] Por grande que sea la desigualdad, jamás se hace notar cuando todas las condiciones son desiguales, mientras que la más pequeña disparidad escandaliza en el seno de la uniformidad general, y su vista es insoportable a medida que la uniformidad es más completa.[2]

No cuesta mucho extrapolar la paradoja de Tocqueville a nuestra época, en la que, por un lado, ha aumentado la equiparación jurídica de las etnias y los sexos, mientras que, por otro lado, en comparación con el siglo XIX también se ha agudizado en buena medida la sensibilidad para las diferencias. Surge la pregunta de si con una equiparación progresiva de las condiciones se alcanzará alguna vez el punto en el que ya nadie se sienta discriminado o vulnerado estructuralmente, o si, por el contrario, la sensibilidad aumentará en la medida en la que estas mismas estructuras desaparezcan. La igualdad creciente es, sin duda, un progreso. Pero si la sensibilidad aumenta en la misma medida en que disminuyen las

---

1 A. de Tocqueville, *La democracia en América*, Madrid, Akal, 2007, p. 859.
2 *Ibid.*, p. 865.

discriminaciones palmarias, entonces es lógico que el desarrollo que estamos experimentando nunca llegue a su fin, sino que constantemente suscitará una nueva sensación de injusticia. Formulándolo radicalmente, cada vez que se elimina una estructura se generan nuevas estructuras, y toda sensibilidad genera nuevas sensibilidades. ¿Estamos asistiendo ahora al comienzo de una fase en la historia de la humanidad en la que el yo sensible amenaza con girar, antes o después, ya solo en torno a su propio eje?

Sin embargo, malinterpretaríamos a Tocqueville si, a causa de su origen noble, lo tomáramos por un libertario estricto que solo teme perder sus propios privilegios y que es ciego para las injusticias existentes. Él no tenía ningún interés en descalificar como mera sensibilidad lo que era una legítima indignación ante situaciones de opresión. Al contrario, el filósofo percibía con mirada aguda el poder de la mayoría, que es capaz de degenerar en tiranía e incluso de minar derechos ya concedidos. Así describe Tocqueville esta circunstancia en una nota a pie de página: él, Tocqueville, preguntó en cierta ocasión a un «ciudadano de Pensilvania» cómo es que «en un Estado fundado por cuáqueros y renombrado por su tolerancia a los negros emancipados», que después de todo también pagan impuestos, no tienen derecho al voto. «"No me haga usted esa injuria", me respondió; "al creer que nuestros legisladores han cometido un acto tan grosero de injusticia y de intolerancia". "¿Así que en su país los negros tienen derecho al voto?". "Sin duda alguna"». Pero entonces, preguntó de nuevo Tocqueville, «"¿cómo es que esta mañana en el colegio electoral no vi a ningún negro entre los electores?". "No es por culpa de la ley", me dijo el norteamericano; "es verdad que los negros tienen el derecho a presentarse a las elecciones, pero se abstienen voluntariamente de hacerlo". "Es mucha modestia por su parte". "¡Oh!, no es que rehúsen concurrir, es que temen que los maltraten. Entre nosotros, sucede a veces que la ley carece de fuerza, cuando la mayoría no la apoya. Ahora bien, la mayoría está imbuida de los mayores prejuicios contra los negros, y los magistrados no se sienten con fuerza para garantizarles los derechos que la ley les ha concedido". "¿Cómo? ¿La mayoría, que tiene la prerrogativa de hacer la ley, quiere tener también la prerrogativa de desobedecerla?"».[3]

Que las personas tengan los mismos derechos no significa forzosamente que también puedan ejercerlos o que ya estén protegidos por ellos. Hasta qué punto estas conclusiones de Tocqueville de 1835 siguen siendo hoy actuales y acuciantes nos lo muestra el hecho de que, en muchos Estados federales de Norteamérica, todavía persiste una enorme discriminación de minorías étnicas en el ejercicio de su derecho al voto (por ejemplo con el cierre de locales en barrios marginales o mediante grandes trabas administrativas).

ESTRUCTURA E INDIVIDUO

Lo que Tocqueville nos enseña es que hay que sensibilizar la percepción para ambas cosas: por un lado, hay que

3   *Ibid.*, p. 317.

advertir claramente y poner nombre a la discriminación estructural (a pesar de la igualdad de derechos), mientras que, por otro lado, también hay que ver que hay una dinámica de la sensibilidad que se perpetúa a sí misma y que se activa justamente con la igualdad progresiva.

¿Pero qué tipo de dinámica es exactamente? Al describirla, Tocqueville habla de «privilegios insignificantes» y de «diferencias mínimas». Enseguida se ve que este punto es muy peliagudo, pues concierne a la pregunta que formulamos al comienzo de este libro: ¿cuándo tiene que cambiar la sociedad porque sus estructuras son simplemente injustas, y cuándo el individuo tiene que trabajar en sí mismo porque no aprovecha las oportunidades que en realidad sí tiene? ¿Necesitamos cuotas femeninas garantizadas por ley, o más bien se trata de animar a las mujeres y de empoderarlas para que hagan realidad sus deseos, si hace falta luchando también contra la presión y las resistencias?

Hoy resulta en muchos casos difícil trazar el límite entre la responsabilidad social y la individual. Más bien sucederá que, cuanto más fuertemente apueste la sociedad por la igualdad de oportunidades, tanto más fluido se volverá ese límite, con lo que también se volverá ambiguo el concepto de privilegio: ¿dónde termina el privilegio y dónde empieza el propio mérito individual?

Para trasladar a la actualidad el ejemplo que pone Tocqueville del vecino envidioso: si la vecina tiene más éxito profesional y si ha sido capaz de organizar mejor su vida conforme a sus propios deseos y a sus propias ideas, quizá se deba a privilegios sociales establecidos, por ejemplo si ella procede de una familia de clase alta, lo cual da mayores márgenes de acción y básicamente permite que las personas se enfrenten al mundo con mayor confianza en sí mismas. Pero quizá también la vecina haya tenido que superar enormes resistencias externas e internas. Posiblemente haya tenido que luchar contra ideales de feminidad muy arraigados que hacen que, tras el nacimiento de sus primeros hijos, las mujeres desaparezcan como por arte de magia y se recluyan en el ámbito privado. Quizá también haya sufrido varias veces situaciones sexistas, pero no se ha dejado intimidar. Tal vez la vecina haya tratado en una terapia sus propios traumas de infancia, alcanzando así estabilidad psíquica, mientras que una misma nunca ha hecho este esfuerzo para confrontarse con los propios traumas y eche *toda* la culpa a las estructuras sociales, incluso patriarcales. Dicho radicalmente: la sensibilidad para la diferencia, la remisión a «estructuras», también puede ser una maniobra de distracción. Dicho aún más radicalmente: no toda desigualdad es injusta ni se debe a privilegios. También hay desigualdades que se deben al propio esfuerzo… o a su omisión.

Desde luego, un igualitarista convencido objetará en este punto: ¿qué significa exactamente «propio esfuerzo»? ¿Acaso los méritos propios no pueden ser también privilegios? ¿Por ejemplo en la medida en que unas dotes, como la propia palabra dice, vienen dadas, es decir, vienen de fuera, y justamente no del propio individuo? Desde este punto de vista, la fuerza corporal y la inteligencia no son méritos propios en sentido estricto. Por tanto, considerándola desde un igualitarismo radical, una sociedad del rendimiento es forzosamente injusta, por cuanto que se basa en capacidades que no son iguales en todas las personas. Y sí, es cierto: es simplemente ingenuo creer que el mérito y el éxito se deben solo al propio esfuerzo y no a factores contingentes (los genes, el aspecto físico, el lugar de nacimiento, etc.).

¿Pero qué se deduce exactamente de aquí? ¿Que el mérito no debe tener ninguna importancia y que ya no debemos esperar nada de los individuos sino solo de la sociedad? Llegar a esta conclusión equivaldría peligrosamente a negar que somos responsables de nuestros actos y a tratarnos como niños e infantilizarnos; es más, esa conclusión se aproxima a planteamientos totalitarios. Las estructuras ya no consistirían en individuos capaces de transformarlas con sus propias fuerzas, sino que estarían preestablecidas y prescritas, y las personas no serían en ellas más que los eslabones de una cadena. La solución más inteligente hasta ahora para el problema descrito es la que ha encontrado el teórico de la justicia John Rawls. Simplificándola, esa solución dice que las desigualdades solo están justificadas cuando redundan en beneficio del conjunto de la sociedad. Formulándolo en términos utilitaristas: el principio supremo es la felicidad del mayor número posible de personas. En concreto, eso significa que las personas no deben enriquecerse a costa de otros, y que quienes ganan más que otros también deben contribuir más al bien común.[4]

Volvamos a la vecina de la que hablamos antes, esa que a base de esfuerzo y resistencia logró alcanzar una

4 Cf. J. Rawls, *Teoría de la justicia*, Madrid, FCE, 1979.

vida feliz: desde luego no todos disponen de todas las capacidades de las que estamos hablando. Transformar en energía grandes zozobras y poderosos obstáculos les resulta a unos más fácil que a otros, y algunos lo logran más que otros. Pero una sociedad que busque la justicia solo puede sacar una conclusión a partir de estas diferencias: que debe hacer tanto más para ayudar en la medida de lo posible a que *todas* las personas lleguen a tener esta fuerza. La vulnerabilidad es una estructura existencial. No cabe pensar la existencia humana sin ella, así como tampoco sin experiencias reales de vulneraciones. Por muy justa que sea una sociedad, nunca podrá protegernos por completo de los golpes del destino ni de la violencia, del tipo que sea. Al menos no si queremos seguir viviendo en libertad.

Y tampoco desaparecerá la desigualdad. Las personas nacen distintas. Solo por poner un ejemplo, unas pueden quedarse embarazadas, mientras que otras pueden fecundar. Pero una sociedad puede encargarse de que esta desigualdad no acabe convirtiéndose en injusticia. Por ejemplo, debe impedir que una baja por embarazo se convierta en una desventaja profesional. Además, puede fortalecer a los individuos y capacitarlos para que sepan cómo aprovechar las posibilidades que se les ofrecen (si quieren aprovecharlas). Pero lo que una sociedad no puede ni debe hacer es actuar en lugar de los individuos. Hay un punto ineludible en el que una persona tiene que actuar por sí misma y asumir la responsabilidad por su propia vida. Si no lo hace, seguirá siendo un niño.

En este libro he tratado de arrojar una mirada doble, en el sentido de Tocqueville, a los procesos sociales de sensibilización. Se ha mostrado que la sensibilización para los desequilibrios existentes ha impulsado de muchas maneras el progreso civilizatorio y la lucha por los derechos. Las víctimas jamás habrían sido reconocidas como tales, las mujeres jamás se habrían equiparado legalmente a los hombres ni las parejas homosexuales a las heterosexuales, ni tampoco habría surgido un movimiento a nivel mundial como *Black Lives Matter* si las personas no hubieran empatizado con los grupos desfavorecidos, si no se hubieran puesto en su situación —en la medida de lo posible—, si no se hubieran solidarizado con ellos ni hubieran apoyado su coraje. La literatura de la sentimentalidad favoreció las luchas sociales de emancipación sensibilizando a un amplio público para otras perspectivas. Un público lector muy amplio pudo experimentar por primera vez cómo eran los destinos femeninos gracias a la perspectiva ficticia de primera persona asumida en las novelas de Samuel Richardson y Jean-Jacques Rousseau (teniendo en cuenta la analizada ambivalencia que conlleva la mirada masculina). Que en la revalorización de la narración hay de hecho un impulso decisivo de sensibilización se muestra también en la praxis terapéutica de fines del xix y comienzos del xx: en el sofá de Sigmund Freud las víctimas de guerra dieron expresión lingüística al trauma. Aproximadamente en la misma época se produjo una sensibilización para el sistema de signos en cuanto tal, que no se limita a describir el mundo, sino que —como enseña el giro lingüístico— lo genera con un orden jerárquico. Más tarde, las teorías posestructuralistas del discurso y del signo destacarán con precisión hasta qué punto su fuerza performativa le da al lenguaje un potencial de violencia destructiva.

Por eso no basta con rechazar la sensibilidad lingüística contemporánea como una sensiblería. Más bien, esta sensibilidad resulta de una larga tradición de la historia del pensamiento, que asocia indisolublemente el pensamiento y la relación consigo mismo y con el mundo con el lenguaje y con la transformación de lo hasta entonces inefable en algo que ya se puede expresar. Confesiones públicas y valientes de sufrimiento padecido en las propias carnes pueden convertirse en sufrimiento compartido y reconocido, y provocar así transformaciones sociales. En esta medida, eran y son justamente los propios afectados —y no sus interceso-res— los que impulsan los procesos de transformación: al hacerse perceptibles sus voces, se amplían y agudizan las perspectivas para ver la realidad social.

Pero sensibilidad no equivale a progresividad. De hecho, puede suceder que la sensibilidad contraataque como regresividad, si se absolutiza y glorifica. Por eso, este libro se ha propuesto destacar también su reverso. Que la empatía no solo puede impedir la violencia, sino también favorecerla, forma parte del carácter hondamente contradictorio de la sensibilidad. La compasión no es aún una moral. Sade pervierte sagazmente la fe que Hume y Rousseau tenían en una sensibilidad buena por naturaleza.

La ampliación semántica y la difusión inflacionaria del concepto de trauma a partir de la década de 1970 han contribuido esencialmente a la crisis del proceso de sensibilización. Las causas del sufrimiento se buscan más que antes en condiciones externas inadmisibles, de las que hay que proteger al sujeto sensible. Si Freud se remitía en sus análisis al impulso vital primitivo, para que con su tratamiento las víctimas fueran liberadas de situaciones de impotencia debidas a causas externas, esta movilización de defensas que se activan justamente en momentos de angustia mortal se perdió de vista por culpa de una fijación unilateral al cuadro clínico de los trastornos de estrés postraumático.

El fenómeno de la alta sensibilidad se puede entender como la radicalización de un proceso que envía a los afectados a zonas de seguridad para protegerlos así de un exceso de estímulos. La acción política en común y el debate político se vuelven difíciles cuando las personas desarrollan sensibilidades muy marcadas. También el sistema del lenguaje pierde su fuerza vinculante cuando se supone que toda identidad sexual debe representarse en igualdad de derechos. Que la lógica de lo general sea sustituida por una lógica de lo singular es una de las causas esenciales del aumento de la sensibilidad: liberándonos de las formas y centrándonos en el verdadero ser, dice Robert Pfaller, «sentimos de pronto también a todos los demás en nuestra propia piel».[5]

5   R. Pfaller, *Wir spüren plötzlich alle anderen auf der eigenen Haut*, https://www.philomag.de/artikel/robert-pfaller-wir-spueren-ploetzlich-alle-anderen-auf-der-eigenen-haut [último acceso: 28/06/2022].

Con su vinculatoriedad general, las formas no son meros efectos de una alienación, sino que también cumplen por sí mismas una función protectora: lo privado e íntimo se retira, y con ello disminuye también el riesgo de vulneración. Teniendo esto en cuenta se ve también bajo otra óptica el empleo del masculino genérico: justamente la independencia genérica gramatical de la designación es lo que libera de la «tiranía de la intimidad» (Richard Sennett) y lo que crea espacio para un juego de escenificaciones que transgrede y libera. Sin duda los grupos marginalizados, les guste o no, deben designarse a sí mismos como grupo para señalar las injusticias existentes. Pero igual de cierto es que un prerrequisito de toda sociedad justa es que las personas no se encapsulen en sus intereses particulares. Se trata más bien de adoptar con la fuerza de la imaginación perspectivas totalmente distintas.[6] Exactamente eso es lo que significa el famoso «velo de ignorancia» en la teoría de la justicia de John Rawls: ¿qué pasaría si no supiéramos a qué grupo pertenecemos? ¿Si todos nos halláramos en una especie de estado original en el que no estuviéramos marcados con capacidades como la inteligencia o con propiedades como el color de la piel o el estatus social, y por tanto no pudiéramos prever qué puesto llegaremos a ocupar en el orden global? Entonces estaríamos obligados a imaginarnos qué significa vivir

6   Cf. sobre esto también J. Scheller, *Wir brauchen eine Politik der Imagination*: https://www.philomag.de/artikel/joerg-scheller-wir-brauchen-eine-politik-der-imagination [último acceso: 28/06/2022].

en una sociedad como hombre, como mujer, como transexual, como negro, etc., y lucharíamos para que se hicieran valer los derechos de todos.

Sin embargo, si se analizan los debates recientes, llama la atención que sucede justamente lo contrario: que los grupos insisten en que hay límites claros para la empatía. Es cierto que nadie puede saber cómo es ser otro. Pero también es cierto que quienes no se han confrontado con ciertas formas de discriminación a menudo no tienen la voluntad de ponerse en la situación de otros. Sin embargo, sacar de ahí la conclusión de que solo una mujer joven negra puede traducir a una mujer joven negra, porque solo aquella dispone del mismo mundo de experiencias, supone darle literalmente la vuelta a la exigencia, formulada desde Adorno hasta Butler pasando por Rawls, de reforzar lo no-idéntico frente a lo idéntico: se considera que lo bueno es lo igual, lo idéntico, la «jerga de la autenticidad» (Adorno), mientras que la diferencia se considera peligrosa. Tanto más preocupante es que las instituciones (editoriales, universidades, medios) cedan a estas tendencias prácticamente sin oponer resistencia, aunque lo hagan por motivos muy honorables.

La absolutización de la sensibilidad conduce a una imagen problemática del hombre. Si hay que eludir en amplia medida o incluso eliminar totalmente y en cualquier contexto aquellas palabras que sean potencialmente lesivas, si no deben organizarse exposiciones en cuyos temas se puedan ver motivos que potencialmente puedan despertar asociaciones negativas, si las personas pierden sus trabajos porque supuestamente se han expresado de manera injuriosa, entonces la libertad y la autonomía están en peligro. Formulándolo radicalmente, la persona está amenazada de convertirse en una herida abierta, que hay que proteger de toda infección. En consecuencia, aumenta la demanda de controles institucionales y estatales. Con ello habríamos nombrado el otro extremo de lo inadmisible: con el polemista ignorante y reaccionario de la corrección política en un lado se corresponde, en el otro lado, un yo sensible que espera del mundo toda la protección, mientras que de sí mismo no espera nada.

La nueva alianza

Tocqueville hizo un lúcido llamamiento a la sociedad mayoritaria para hacerse consciente de sus propios privilegios y agudizar la percepción para captar las desigualdades existentes, por muy sutiles que sean. Pero si, por otro lado, es cierto que el aumento de igualdad genera un aumento de la sensibilidad, como también mostró el filósofo, entonces una sociedad funcional no puede reducirse a la tarea de evitar vulneraciones. Igual de fundamental debe ser el fortalecimiento intencionado de la fuerza de resistencia, que es esencial para el ejercicio de la autonomía. Un propósito central de este libro ha sido no absolutizar esta fuerza, sino ponerla de relieve desde el proceso de sensibilización: esa fuerza reside en el arte, en las ganas humanas de crear. Reside en las formas, en el fracaso de la representación. Reside en la prehistoria arcaica que el proceso civilizatorio arrastra consigo. Reside en la vulnerabilidad de toda persona, y es un tesoro que quiere ser desenterrado. La resiliencia no es la enemiga, sino la hermana de la sensibilidad. Solo juntas podrán resolver los problemas del futuro.

AGRADECIMIENTOS

Doy las gracias a Lia Nordmann por haberme ayudado a conseguir la bibliografía. A Michael Gaeb por haberme puesto en contacto con la editorial Klett-Cotta. A Tom Kraushaar por su confianza y sus valiosos comentarios. A Sabrina Keim por la revisión tan sensible —en el mejor sentido— que hizo del libro. A Dominik Erhard, Nils Markwardt y Theresa Schouwink, mis compañeros de *Philosophie Magazin*, les doy las gracias por ser una fuente permanente de inspiración y de debate constructivo: mucho de ello ha quedado recogido en este libro.

A Elisabeth Fink le agradezco las intensas y enriquecedoras conversaciones y sus sugerencias decisivas, sobre todo para los capítulos dedicados a Freud.

A Florian Werner le doy las gracias por todo.

Este libro está dedicado a Carsjen van Schwartzenberg, que siempre estuvo a mi lado.

BIBLIOGRAFÍA

AMÉRY, J., *Levantar la mano sobre uno mismo. Discurso sobre la muerte voluntaria,* Valencia, Pre-textos, 2005.

—, «Hitler und wir. Offener Brief an Sebastian Haffner», *Merkur,* agosto 1978, cuaderno 363.

ARON, E.N., *El don de la sensibilidad. Las personas altamente sensibles,* Barcelona, Obelisco, 2021.

BAASNER, F., «Sensibilité», en J. Ritter *et al.* (eds.), *Historisches Wörterbuch der Philosophie online,* Basilea, Schwabe, 2017.

BÖHME, R., *Human Touch. Warum körperliche Nähe so wichtig ist. Erkenntnisse aus Medizin und Forschung,* Múnich, C.H. Beck, 2019.

BÖHME, G., «Die vierte hygienische Revolution?, Die vierte hygienische Revolution?», *Philosophie Magazin* 3/2021, pp. 16-19.

BOLZ, N., *Avantgarde der Angst,* Berlín, Matthes & Seitz, 2021.

BREITHAUPT, F., *Die dunklen Seiten der Empathie,* Berlín, Suhrkamp, 2019.

BUTLER, J., *Haß spricht. Zur Politik des Performativen,* Berlín, Berlin Verlag, 1998.

—, *Cuerpos que importan. Sobre los límites materiales y discursivos del «sexo»,* Barcelona, Paidós, 2002.

—, *El género en disputa*, Barcelona, Paidós, 2007.

—, «Verletzungen bilden gesellschaftliche Strukturen ab», *Philosophie Magazin* 6/2021, pp. 62-65.

CANETTI, E., *Masa y poder*, Barcelona, Muchnik, 1981.

DELL'EVA, G. y SCHMIDT, S., «Im falschen Körper?», *Philosophie Magazin* 6/2019, pp. 36-43.

DERRIDA, J., *Die différance*, en P. Engelmann (ed.), *Postmoderne Literatur und Dekonstruktion. Texte französischer Philosophen der Gegenwart*, Stuttgart, Reclam, 1997.

—, «Die Struktur, das Zeichen und das Spiel im Diskurs der Wissenschaften vom Menschen», en *Die Schrift und die Differenz*, Frankfurt del Meno, Suhrkamp, 1972, pp. 422-442.

EDMONDS, D. y EIDINOW, J., *Rousseaus Hund. Zwei Philosophen, ein Streit und das Ende aller Vernunft*, Múnich, DVA, 2008.

EDDO-LODGE, R., *Por qué no hablo con blancos sobre racismo*, Barcelona, Península, 2021.

ELIAS, N., *El proceso de la civilización. Investigaciones sociogenéticas y psicogenéticas*, México, FCE, 1979.

FEBVRE, L., «Sensibilität und Geschichte. Zugänge zum Gefühlsleben früherer Epochen», en C. HONEGGER (ed.), *Schrift und Materie der Geschichte. Vorschläge zur systematischen Aneignung historischer Prozess*, Frankfurt del Meno, Suhrkamp, 1977, pp. 313-334.

FOUCAULT, M., *Vigilar y castigar*, México, Siglo XXI, 1976.

FREUD, S., «De guerra y muerte. Temas de actualidad (1915)», en *Obras completas. Volumen XIV*, Buenos Aires, Amorrortu, 1992.

—, *Más allá del principio de placer*, en *Obras completas XVIII*, Buenos Aires, Amorrortu, 1992.

GARCIA, T., *La vida intensa*, Barcelona, Herder, 2019.

GOLTERMANN, S., *Opfer. Die Wahrnehmung von Krieg und Gewalt in der Moderne*, Frankfurt del Meno, S. Fischer, 2017.

GRUBNER, B., «*Viruslust*», *Philosophie Magazin* 4/2021, pp. 62-65.

HARDING, S., *Feministische Wissenschaftstheorie. Zum Verhältnis von Wissenschaft und sozialem Geschlecht*, Hamburgo, Argument, 1991.

HEGEL, G.W.F., *Fenomenología del espíritu*, México, FCE, 1966.

HORKHEIMER, M. y ADORNO, T.W., *Dialéctica de la Ilustración*, Madrid, Trotta, 1994.

HAN, B.C., *La sociedad paliativa,* Barcelona, Herder, 2021.

HUME, D., *Tratado de la naturaleza humana*, Madrid, Tecnos, 1992.

HUNT, L., *Inventing Human Rights. A History*, Nueva York, W.W. Norton 2007 [trad. cast.: *La invención de los derechos humanos*, Barcelona, Tusquets, 2009].

ILLOUZ, E., *Die neue Liebesordnung. Frauen, Männer und Shades of Grey*, Berlín, Suhrkamp, 2013 [trad. cast.: *Erotismo de autoayuda. «Cincuenta sombras de Grey» y el nuevo orden romántico*, Madrid, Katz, 2014.].

JÜNGER, E., *Sobre el dolor*, Barcelona, Tusquets, 1995.

—, *Tempestades de acero*, Barcelona, Tusquets, 1998.

—, *Der Krieg als inneres Erlebnis*, Stuttgart, Klett-Cotta, 2016.

LANE, C., *Shyness. How Normal Behaviour Became a Sickness*, New Haven, Yale University Press, 2007.

LAPLANCHE, J. y PONTALIS, J.B., *Das Vokabular der Psychoanalyse*, Frankfurt del Meno, Suhrkamp, 1973.

LETHEN, H., *Verhaltenslehren der Kälte. Lebensversuche zwischen den Kriegen*, Frankfurt del Meno, Suhrkamp, 1994.

LÉVINAS, E., *Entre nosotros. Ensayos para pensar en otro*, Valencia, Pre-textos, 2001.

—, *De otro modo que ser o más allá de la esencia*, Salamanca, Sígueme, 2003.

LIEBSCH, B., *Menschliche Sensibilität. Inspiration und Überforderung*, Weilerswist, Velbrück Wissenschaft, 2008.

—, «Ästhetisch, ethisch und politisch sensibilisierte Vernunft? Einleitung in historischer Perspektive», en *Sensibilität der Gegenwart. Wahrnehmung, Ethik und politische Sensibilisierung im Kontext westlicher Gewaltgeschichte*, Hamburgo, Felix Meiner Verlag, 2018.

MALKA, S., *Emmanuel Lévinas*, Múnich, C.H. Beck, 2003.

NAGEL, T., *What Is It Like to Be a Bat? Wie ist es, eine Fledermaus zu sein?*, Stuttgart, Reclam, 2016, pp. 10-11.

NIETZSCHE, F., *Consideraciones intempestivas*, en *Obras completas I,* Madrid, Tecnos, 2011.

—, *Humano, demasiado humano*, en *Obras completas III*, Madrid, Tecnos, 2014.

—, *Así habló Zaratustra*, en *Obras completas IV,* Madrid, Tecnos, 2016.

—, *Genealogía de la moral*, en *Obras completas IV*, Madrid, Tecnos, 2016.

—, *Más allá del bien y del mal*, en *Obras completas IV*, Madrid, Tecnos, 2016.

—, *Ecce homo*, en *Obras completas IV*, Madrid, Tecnos, 2016.

PFALLER, R., *Die blitzenden Waffen. Über die Macht der Form*, Frankfurt del Meno, S. Fisher, 2020.

PINKER, S., *Gewalt. Eine neue Geschichte der Menschheit*, Frankfurt del Meno, S. Fisher, 2011.

PLESSNER, H., *Grenzen der Gemeinschaft. Eine Kritik des sozialen Radikalismus*, Frankfurt del Meno, Suhrkamp, 2002 [trad. cast.: *Límites de la comunidad*, Madrid, Siruela, 2012].

PRIDEAUX, S., *Ich bin Dynamit. Das Leben des Friedrich Nietzsche*, Stuttgart, Klett-Cotta, 2020, pp. 235 ss. [trad. cast.: *¡Soy dinamita! Una vida de Nietzsche*, Madrid, Planeta, 2019].

RAWLS, J., *Teoría de la justicia*, Madrid, FCE, 1979.

RECKWITZ, A., *Die Gesellschaft der Singularitäten. Zum Strukturwandel der Moderne*, Berlín, Suhrkamp, 2017.

—, «Dialektik der Sensibilität», *Philosophie Magazin* 6/2019, pp. 56-61.

REICH, W., *Charakteranalyse*, Colonia, Kiepenheuer & Witsch, 2018.

RICHARDSON, S., *Clarissa Harlowe*, Zúrich, Manesse, 1966.

ROSA, H., *Resonanz. Eine Soziologie der Weltbeziehung*, Berlín, Suhrkamp, 2016.

ROUSSEAU, J.J., *Julia o la Nueva Heloisa*, Barcelona, de Oliva, 1836.

—, *Discurso sobre el origen y los fundamentos de la desigualdad entre los hombres*, Barcelona, Península, 1973.

—, *Rousseau richtet über Jean-Jacques*, en *Schriften. Vol. 2*, Frankfurt del Meno, S. Fischer, 1988, pp. 253-636.

—, *Emilio, o de la educación*, Madrid, Alianza Editorial, 1990.

SADE, D.A.F. de, *Las 120 jornadas de Sodoma o la escuela del libertinaje*, Madrid, Akal, 2004.

—, *Justine, o Los infortunios de la virtud*, Madrid, Cátedra, 2004.

—, *Juliette, o Las prosperidades del vicio*, Madrid, Cátedra, 2022.

SAUSSURE, F. de, *Curso de lingüística general*, Buenos Aires, Losada, 1945.

SCHELER, M., *Esencia y formas de la simpatía*, Buenos Aires, Losada, 1943.

SCHELLER, J., *Wir brauchen eine Politik der Imagination*: philomag.de/artikel/joerg-scheller-wir-brauchen-eine-politik-der-imagination

SCHLINK, B. y SCHMETKAMP, S., «Die Grenzen der Einfühlung», *Philosophie Magazin* 2/2021, pp. 32-37.

SCHMETKAMP, S., *Theorien der Empathie zur Einführung*, Hamburgo, Junius, 2019.

SCHOPENHAUER, A., *El mundo como voluntad y representación II*, Madrid, Trotta, 2005.

SCHOUWINK, T., «Lässt sich Liebe regeln?», *Philosophie Magazin* 6/2019, p. 28.

SCHWILK, H., *Ernst Jünger. Ein Jahrhundertleben*, Stuttgart, Klett-Cotta, 2014.

SENNETT, R., *Verfall und Ende des öffentlichen Lebens*, Frankfurt del Meno, S. Fisher, 2004.

SIMMEL, G., *Las grandes ciudades y la vida intelectual*, Madrid, Hermida, 2016.

STEGEMANN, B., *Die Öffentlichkeit und ihre Feinde*, Stuttgart, Klett-Cotta, 2021.

TALEB, N.N., *Antifragilität. Anleitung für eine Welt, die wir nicht verstehen*, Múnich, Knaus, 2013.

THADDEN, E. von, *Die berührungslose Gesellschaft*, Múnich, C.H. Beck, 2018.

THEWELEIT, K., *Männerphantasien*, Berlín, Matthes & Seitz, 2020.

THOMAS, D., *Marquis de Sade. Die große Biographie*, Múnich, Blanvalet, 1976.

TOCQUEVILLE, A. de, *La democracia en América*, Madrid, Akal, 2007.

VALÉRY, P., *Bilanz der Intelligenz*, en *Werke*, vol. 7: *Zeitgeschichte und Politik*, Frankfurt del Meno, Insel, 1995, pp. 105-134.